ミニマム・
プレゼンテーション

MINIMUM PRESENTATION

前田鎌利

KAMARI MAEDA

すばる舎

あなたの「念い《おも》」を伝える「ミニマム・プレゼンテーション」

あなたが一番伝えたいことは何ですか？
一番伝えたい人は誰ですか？

私たちは、日々、多くの出会いの中に存在しています。

営業であれば、社外の取引先や飛び込み営業をした際の出会い。
主婦であれば、子どもが新しいお友達と仲よくなったら、その親御さんとの出会い。
学生であれば、新入学、クラス替え、転校した際の新しい友達との出会い。
もちろん、新しい方々だけでなく、同僚、家族、同級生のように毎日顔を合わせる人、たまにお会いする人、など多岐にわたります。

そんな出会いの瞬間に、あなたは相手からどう思われたいですか？

・優秀な人だと思われたい
・信頼できる人だと思われたい
・楽しい人だと思われたい
・優しい人だと思われたい
・格好いい人だと思われたい
・元気な人だと思われたい

もちろん、そもそも他人の目や世間体を気にしないという方もいるかもしれません。
ですが、大半の方は対人コミュニケーションを取る上で、相手にどう思われたいのかを意識するものです。

では、あなたの「こう思われたい」を実現させるために、どのようなことをされていますか？

身だしなみに気をつける。服装をＴＰＯに合わせる。笑顔を意識する。…などさまざまなアプローチがあると思います。


例えばビジネスマンであれば、初めてお会いする方への第一印象は重要です。

第一印象については、その重要性が研究されており、１９４６年にポーランドの心理学者ソロモン・アッシュの印象形成実験によって提唱された「初頭効果」というものがあります。

これは最初に示された特性が印象に残りやすく、後の評価に大きな影響を与えるというものです。

具体的な所作で考えると、日本では「名刺交換」が一般的です。自分がどの会社に所属していて、どういった部署にいるのかが端的に伝わる「名刺」を提示します。続いて名刺に書かれた企業名と自身の名前（しかも苗字だけ）を名乗ります。

それによって名刺を受け取った相手は、あなたの一面を情報として認知することになります。その名刺から得られる情報は、会社名・役職名・部署名・名前が主だったものです。残念ながら、**あなたが相手にどう思われたいかは、名刺を渡すだけでは十分には伝わっていない**のです。

さらに相手が重要視するのは、その名刺から得られる「会社名」と「役職名」です。

なぜなら、

・この企業は有名だからビジネスチャンスがあれば大きな仕事になるかもしれない。
・この方は役職者だから決裁権限を持っているはず。仲よくしよう。

といった短絡的かつ打算的なことに重きを置かれがちだからです。

結果として、あなたが相手に対して印象づけたいことは、名刺を渡す行為だけでは到底伝わらないのです。

「そんなことは言われなくてもわかっている」と読者の皆さんは頭では理解している

と思いますが、私が過去600社を超える企業で、講演や研修を通して多くの方々とお会いして実感したのは、**自分の情報を伝えることは意識しても、「相手にどう思われたいか」を意識する人は1割にも満たない**ということでした。

初めて会った相手から「ああ、この人と仕事がしたい」「この人なら信頼できる」と思ってもらいたいというのは、多くの方々が願うところです。

しかし、昨今の「働き方改革」によって、アポイントや会議の時間は30分以内になるなど、限られた時間で、用件やあなた自身のことを伝えなければなりません。

短い時間の中で、初めて出会った相手からあなた自身に一瞬で興味を持たせるような自己紹介や、その後に続くコミュニケーション、さらには企業内外におけるプレゼンテーションの場で、最小にして有効な表現。これこそが、今まさに求められるスキルなのです。

現在、企業においては「働き方改革」を掲げ、限られた時間で結果を出すことや、いかに短い時間で効率的に業務を行うかが求められています。

ビジネスで結果を出すためには意思決定が重要です。限られた時間で仕事を行うためには、意思決定のスピードを上げなければなりません。

そこで求められるスキルが〝プレゼンテーション〟です。

これまで私は、主にパワーポイントやキーノートを使った、ビジネスシーンにおけるプレゼンテーション資料の作成スキルをお伝えしてきました。

限られた時間でわかりやすく伝えるテクニックをお伝えしてきたわけですが、プレゼンテーション資料の作成テクニック以上に、最も大切なことがあります。

それは「そもそも何を言いたいのか」が明確でなければならないということです。

ところが、ビジネスシーンで見るプレゼンテーションの大半は、結局何が言いたいのかよくわからないものがほとんどです。つまり、

伝わっていない

のです。伝えたいことが明確でないために、データの羅列になっていたり、報告がメインになってしまい、相手から「で、どうするの？」「で、どうしたいの？」「だから何？」という質問を返されることが多いのではないでしょうか？　つまり、

「自分が何を伝えたいのか？」

言い方を変えると、

「自分の念《おも》いは何なのか？」

が重要になってくるのです。

プレゼンテーションとは、相手に自分の「念い」を伝え、相手の感情を動かし、行動を促して、結果を出すものです。

私はこれまで、書籍や講演を通じて相手の感情を動かすための、さまざまなテクニッ

クをお伝えしてきましたが、本書ではこれまで紹介してこなかった新たなツールをご紹介したいと思います。

相手に自分の「念い」を効果的に伝えるためのコミュニケーションツール。

「ミニマム・プレゼンテーション」

です。

「ミニマム・プレゼンテーション」とは相手の感情を動かすために、あなた自身の「念い」を限られた時間で端的に伝えることです。今回、本書において私が新たに定義しました。

ビジネスシーンにおいて、伝える手段としては、資料を使ったプレゼンテーションがメインツールになると思います。プレゼンテーションを因数分解すると、次の四つから成り立っています。

プレゼンテーション四つのパート

・思考のパート（課題・原因・解決策・効果）
・収集のパート（データ、根拠）
・表現のパート（パワーポイント、キーノート、ワード、エクセルなどにタイピング〔活字〕）
・発表のパート（話す）

この中で相手に、短時間で理解されるのは、「表現」と「発表」のパートです。

実際に表現としてプレゼンテーション資料を見せながら、発表を通して理解を促し、結果として伝わるわけです。

ただし、現状のプレゼンテーション資料は、パワーポイントで画一的なスライドを作成して発表することが多くなってきており、これまでの表現方法だけでは相手の感情を動かすことが難しくなってきています。

また、自己紹介などで自分の「念い」を伝える際においても、これまでとは別の手法を取ることで、他者との差別化を図り、相手に印象づけたいところです。

では、「ミニマム・プレゼンテーション」とは具体的に何を指すのか？ それは、

「表現」手段として「手書き」を意識して使用すること

です。

ここであなたは、「テクノロジーの進化やＡＩの日常への進出が顕著となる21世紀の現代においてなぜ『手書き』なのか？」という疑問を持つと思います。

答えは簡単です。

「手書き」は「伝わる」

そうなのです。「手書き」は相手に対して「念い」を伝える上で、タイピングされ

た活字よりも圧倒的に伝わるのです。

想像してみてください。大切な方からお手紙をもらったとします。

一方はワードでタイプされた文字が整然と並んだもの。

もう一方は手書きで書かれた手紙です。

全く同じ文面で、同じ内容であった場合、あなたはどちらのほうが、相手の気持ちを感じられるでしょうか？

私自身、子どもから手書きの手紙をもらうと疲れが吹っ飛んでしまい、活力になりました。その手書きの文字の温かみに心が動かされ、笑顔になれる瞬間がありました。

ビジネスではお礼状もそうです。このように、多岐にわたって手書きによって心を動かされることは往々にしてあります。

したがって、伝えたい情報や「念い」の内容によっては「手書き」が、より相手に伝わるものになり得るのです。

もう一つ、この「手書き」要素を「ミニマム・プレゼンテーション」とした理由に、私が書家であるという側面があります。

5歳より書を学び、東京学芸大学教育学部書道科という特異な学科を卒業しました。幼い頃から書に親しんできて、幼少期より書や手書きというものが当たり前のように身近なものであったため、現在の自己表現ツールとして根づいていたということも大きな要因です。

今回「手書き」という表現方法に対して、こう思う方もいるのではないでしょうか。

・書家だから、そりゃ字が上手くて当たり前だよね
・書家だからできるメソッドなんじゃないの？
・上手く書けない
・練習する時間なんてない
・そもそも手書きは面倒
・自分の文字は恥ずかしい

ところが、これらの懸念は「手書きという表現方法は難しい」という固定観念から発生していることなのです。

本書ではこの固定観念を覆《くつがえ》して、新たに「手書き」が「念い」を伝える有効な手法になることをご理解いただけると確信しています。その理由は次の三つです。

・好き嫌いで文字を捉える
・自分らしい書体と出会う
・書きたくなるコツがわかる

詳しくは本編にてお伝えしますが、本書を読み終わった時、あなたは確実に「手書き」で自分を表現したくなるはずです。

「手書き」の手法を用いて、あなたの「念い」を届けたくなるはずです。

そしてその「念い」は確実に伝わります。

「ミニマム・プレゼンテーション」で、あなたの「個」が打ち出せる

もう一つ、「ミニマム・プレゼンテーション」を、別の角度からアプローチしてみましょう。

私たちは相手に自分の情報を伝えるプロセスにおいて「自己紹介」を行います。自分自身を端的に伝える「型」でありながら、人生で最も多く行われるプレゼンテーション、それが「自己紹介」です。学生の頃から、ことあるごとに行ってきた自己紹介ですが、そのゴールは「自分を覚えてもらうこと」です。

自分の人生において、何度も自己紹介をしていますから、誰もが慣れているはずですが、話すほうも聞くほうも、「自己紹介」ほど、何となく行われるプレゼンテーションはありません。双方において「自己紹介」に慣れが出てきてしまうのです。

そこで、**あなたの「個」をしっかりと相手に届けることが重要**になってきます。

初対面の方への自己紹介で、相手に与える第一印象の管理や印象づけに無頓着な人は、それだけで一歩出遅れてしまいます。

特にビジネスシーンでは、ご縁があって出会った相手と良好な関係を続けるためにも、「自己紹介」に限らず、短時間で要領を得た「メッセージの届け方」を身につけることは、効率性が尊ばれる昨今の状況下において、ますます必要なスキルになっています。

最近は、時短労働の中で結果を出すため、社内だけでなく、社外ネットワークも重要視されるようになりました。

これまで、課題を解決することは、社内の専門領域の方や、担当分野のエキスパートが担っていました。ところが、新規事業や異業種とのコラボレーションを推進することが多くなってきた昨今においては、社内よりむしろ社外のネットワークをどれだけ幅広く確保しているかによって、課題解決に向けたスピードや精度が担保されるようになってきたのです。

国内のビジネスサイズは人口構造の変化によりダウントレンドです。少子高齢化の影響や人口自然減の影響は、どの業界においても避けることはできません。この条件下で、既存事業の新たな展開、さらなる新領域での事業立ち上げを迫られています。

テクノロジーの進化やＡＩの常態化により、さらなる働き方の多様化へとつながり、これまでの常識や方法論、価値観、経験則は有効に機能しない可能性が高くなります。今までのように、社内や業界内の知見や経験だけでは、求められる企業の成長スピードに対応できないものになってきています。

そこで求められるのが、**いかに社外ネットワークを確保できているか**。つまり**外の人脈を構築できているか**ということです。

先に述べた「名刺交換」という行為でもふれたように、社外の方は「あなた自身よりも、あなたが所属している企業に対してお付き合いをしたい」という前提で接点を持とうとします。

ですが、どんな企業であっても、未来永劫に存続できる保証はありません。不祥事があれば、どんなメジャーカンパニーであっても大きな損害を被るのです。

株価が下落すれば買収リスクが増大するだけでなく、減収減益により雇用が維持できなくなることなどは、往々にして起こり得るのです。

「うちの会社は大丈夫」「うちの業界は問題ない」と言えなくなってきていることは理解しているものの、会社に対する「所属感」という報酬獲得システムに依存する以上、残存率が高いところに可能な限り所属して、安心感を得がちになります。

では、自分が所属している会社に依存しないようにするために、普段から何を意識すべきでしょうか？　それは、

「あなたと仕事がしたい」

この一言を引き出せるかどうかがポイントになります。

そのためには普段から「個」を意識することが重要なのです。

現代は「個」の時代と言われてはいるものの、「個」を意識して仕事を行う人は限定的です。

企業において取引する相手は「その会社と仕事がしたい」というだけであって、窓口となっている一個人、一担当者と「一緒に仕事をしていきたい」と思ってくれることは、よほど意識をして働きかけない限り、相手の思考を変えることは難しいでしょう。ましてや「個」を意識せず、ただ単に仕事をこなすような関係性の中では、担当者のあなたはいつでも交換可能な存在です。

公私を問わず、人にとって出会いは大事ですし、自分の未来を左右するような出会いは、日常の中にも数多くあります。

ご縁を得て出会った人と、いかに自分との距離を縮められるか、その関係性が継続できるか、これは限られた時間しか持ち得ない人間だからこそ、その意味は重要になってくるのです。

「自己紹介」が人生で最も数多く行われるプレゼンテーションであることは先に述べましたが、「自己紹介」は相手に興味があろうがなかろうが、強制的に聞かせるものであり、聞かされるものです。

その「自己紹介」で、あなたの「念い《おも》」をしっかり伝えられると、そのほかのプレゼンテーションでも、あなたの「念い」を伝えることができるようになります。

「ミニマム・プレゼンテーション」という新たな「手書き」の表現手法を用いて、あなたの「自己紹介」も「個」を意識したものに大きくバージョンアップできるのです。

あなたが一番伝えたいことは何ですか？

一番伝えたい人は誰ですか？

「ミニマム・プレゼンテーション」で、あなたの「念い」を伝えることによって、未来をつかむ一助にしていただけたら幸いです。

前田　鎌利

目次

ミニマム・プレゼンテーション

プロローグ

第1章 ミニマム・プレゼンテーションとは

第2章 念いを伝える「手書き」と「内観」の方法

第3章

他者の手書き文字を味わい、書風を学ぶ

第1章

ミニマム・プレゼンテーションとは

「念《おも》い」とは

本書で提案する「ミニマム・プレゼンテーション」とは、相手の感情を動かすことを目的として、あなた自身の「念い」を、限られた時間で端的に伝えるために「手書き文字」を使ったコミュニケーションを言います。

そもそも、「念い」という表現は見慣れない方もいらっしゃると思いますが、私はこの表現を使うことにこだわりを持っています。「おもい」の漢字表記には「思い」「想い」「念い」がありますが、それぞれ意味合いが異なります。

「思い」とは「田」と「心」という造形から構成されている文字です。これは「田」の部分は田畑を指すのではなく、子どもの脳を示すものでした。ですから、「頭や心で考えること」という意味合いがあります。

「想い」とは「木」「目」「心」という三つの造形から構成されています。「木」を「目」にして「心」に芽生える感情を表します。ですから、何か対象を目にした際に心に宿る感情のことを表現しているのです。

そして「念い」ですが、こちらの構成要素は「今」と「心」です。直訳すれば「今の心」ですから「今の気持ち」ですが、ここには「強い気持ち」というメッセージが加わります。「今」の上の部分にある「人」に該当する箇所は、フタにあたります。「しっかりと自分の中にある強い気持ち」という意味が込められているのです。「信念」や「念願」という言葉はまさに強い気持ちです。つまり、すべての言動の根底に一貫している「おもい」のことを「念い」と書くのです。「企業理念」という言葉に、「念」の文字が使われているのも頷《うなず》けると思います。

そして相手の心に響くプレゼンにするためには、軸となる強い「念い」がしっかりと自分の中にあるかどうか、すなわち、伝えたい内容について自分で納得しているかどうかが重要です。その「念い」が確固たるものであれば、どのようなツールを使ったとしても、相手に自分の伝えたいことがしっかり伝わるのです。

もう少し具体的に「念い」について考えてみましょう。

会社員の方であれば、企業理念はまさに「念い」です。企業理念に納得していなければ、その企業に所属していても、何かしら物足りなさや違和感を感じるはずです。

独立起業して新たに事業を起こされるのであれば、その方の志にあたります。

ビジネスをされていない方も、もちろんご自身の「念い」をお持ちです。「世の中が平和になってほしい」「子どもの健やかな成長が切なる願いだ」など、強い気持ちは誰の中にもしっかりとあるものです。

まずは、その「念い」と向き合うことが「ミニマム・プレゼンテーション」の入口です。そして、この「念い」には二つの向くべき対象があるのです。

その対象とは、

❶自分の「念い」

❷相手の「念い」

の二つです。

私にとって「念い」と向き合う最初の入口は「書」でした。

私は書家としての一面もありますから、日々書をしたため、作品を制作する時間を持つようにしています。個展の作品制作であったり、企業・団体・学校・公共施設などのご依頼で作品を納めたりもします。

「どんな作品に仕上げるのか」を考える前に、「そもそもどんな文字を選択するのか？・」という問い立てが大切です。しかし、その答えはインターネットで検索して出てくるものではなく、自分と向き合わなければ出てこないものなのです。

例えば、海を眺めて「海」という漢字を書くこともできれば、キラキラした水面を見て「輝」や「穏」という文字を選んで書くこともできます。もしくは水平線を眺めて「未来」「永遠」なども出てくるでしょう。

大切なのは、「なぜその文字を選択したのか？・」を掘り下げるプロセスです。

これが一つ目の自分の「念い」と向き合うということです。

2019年バージョン「絶対突破」

そして二つ目は、相手の「念い」と向き合う場合です。クライアントから依頼をいただいて書を書く際には、まずそのクライアントの「念い」があり、それを受け止めて表現します。

Ｊリーグが参加しているアジアチャンピオンズリーグというアジアのクラブチームの頂点を競う大会があるのですが、そのタイトル「絶対突破」を揮毫《きごう》（毛筆で書くこと）しました。

２００８年以降、Ｊリーグのクラブチームがアジアの頂点には立てていないという現状を何とか打破し、予選を突破してアジアの頂点に返り咲きたいという、村井満チェアマンの強い「念い」を伺い、その「念い」を書に込めて「絶対突破」を揮毫させていただきました。

そして２０１７年、２０１８年と日本のクラブチームがアジアの頂点に返り咲く結果へとつながっていきました。

まさに、村井さんの「念い」を、選手やサポーターの皆様へお届けできたのではないかと思っています。

これはビジネスにおけるプレゼンテーションも同様です。

ソフトバンクに勤務していた際、新規事業提案を行う場合や、通常業務で課題を解決する提案を行う時など、「そもそも自分がどんな『念い』でこの提案を行いたいのか」を意識しました。

私が通信業界に就職した時の「念い」は、携帯電話の普及によって災害が起きた際に連絡が取れる手段を一人一人の方に持っていただくことでした。

１９９５年1月17日。阪神淡路大震災は、私が大学4年生の時に起こった大きな震災でした。その時、東京にいましたが、関西方面の仲間や知人に連絡が取れない状況です。当時はまだ世の中に携帯電話がほとんど普及していない時代でした。携帯電話を持っていれば、最後に声が聞けたかもしれない、メッセージを受け取れたかもしれない、助けられたかもしれないという、私だけでなく多くの方々の「念い」があり、その苦しみや悲しみを何とかしたいという「念い」がありました。

いかに早く、多くの方々に携帯電話を持ってもらうことができるか？　その「念い」を実現させるべく通信会社に就職し、さまざまな事業提案を行ないます。

２０００年には固定電話の数を超えて携帯電話が普及し、一家に一台の通信手段から一人一台となることが容易に想像できました。携帯電話を持っていてもつながらなければ意味がないので、次はエリアを充実させることへと、私の「念い」が移行していきます。そして、どうすればエリア拡充の予算が捻出してもらえるのか？を絶えず考え、事業計画へ反映させていきました。このように自分の「念い」と向き合っていき、プレゼンに落とし込んで伝えていったのです。

相手の「念い」に向き合うプレゼンとしては、孫正義社長（現会長）のプレゼンテーションを企画したり、資料を作成する機会に従事できたことは私の中でも格別でした。

世界を動かす孫正義社長の「念い」に向き合えるわけですから、「自分が孫さんだったら…」ということをただひたすら考え、向き合うという贅沢な時間を体験したわけです。


何のためにこの事業を行うのか？

どういった方々に伝えるのか？

どのように表現すれば、より深く広く伝わるだろうか？


その「念い」を意識して資料を作成しました。

もちろん前述したとおり、企業においては「企業理念」が全社員共通の「念い」ですから、明確な答えが示されています。その「企業理念」に沿った文脈であれば大きく逸れることはありません。もし資料作成を行う過程で、「企業理念」が腹落ちしていない場合は、企業に所属していること自体が苦痛になるかもしれません。

過去、私は事業提案をする際、「何を行うのか？」よりも「なぜそれを行いたいのか？」「何のために？」という「念い」が説明できないと、結果として相手に伝わらないという経験を何度も繰り返してきました。

先にお伝えした書の話と後述のプレゼンテーションの話は、使用するツールは異なりますが、私にとっては、書もプレゼンも「念い」を伝える上では全く同じことを行っています。それは、「念い」と向き合うということです。

自分自身がどうしたいのか？　相手はどうしたいのか？　その「念い」と向き合い、それを表現するのです。

「念い」がなければ、外面だけよくても中身のないスカスカなものになってしまいます。どんなに上手に資料を作成しても、中身が伴わなければ、そのビジネスに他者が協力しようとは思ってもらえないはずです。

では、どういった「念い」が相手に響くのでしょうか？

ビジネスシーンにおいては、社会に対するインパクトです。世の中を変えてしまうようなプロダクトやサービス、ゲームチェンジするような案件は、それを聞いただけでワクワクします。

そして最も重要なのは、提案者や事業者の念い＝理念、ビジョンです。それがないとせっかくアクションを起こしても目標に到達することは難しいでしょう。

個人に至ってはどうでしょうか？

日常の中に溢《あふ》れている「念い」はさまざまですが、意識しないで日常を過ごしてしまうと、あっという間に時は過ぎ去ってしまいます。ただし、その中で1分間でも自分と向き合うだけで感謝や尊重、信頼、安心などさまざまな「念い」が自分の中にあることに気づくはずです。

ここで、「念い」の構造をもう少し掘り下げてみたいと思います。

先ほどからお伝えしている「念い」とは、その人の奥深いところにある、その人自身の本質的な部分となります。

また、それとは逆に、すでに健在化されている情報もたくさんあります。

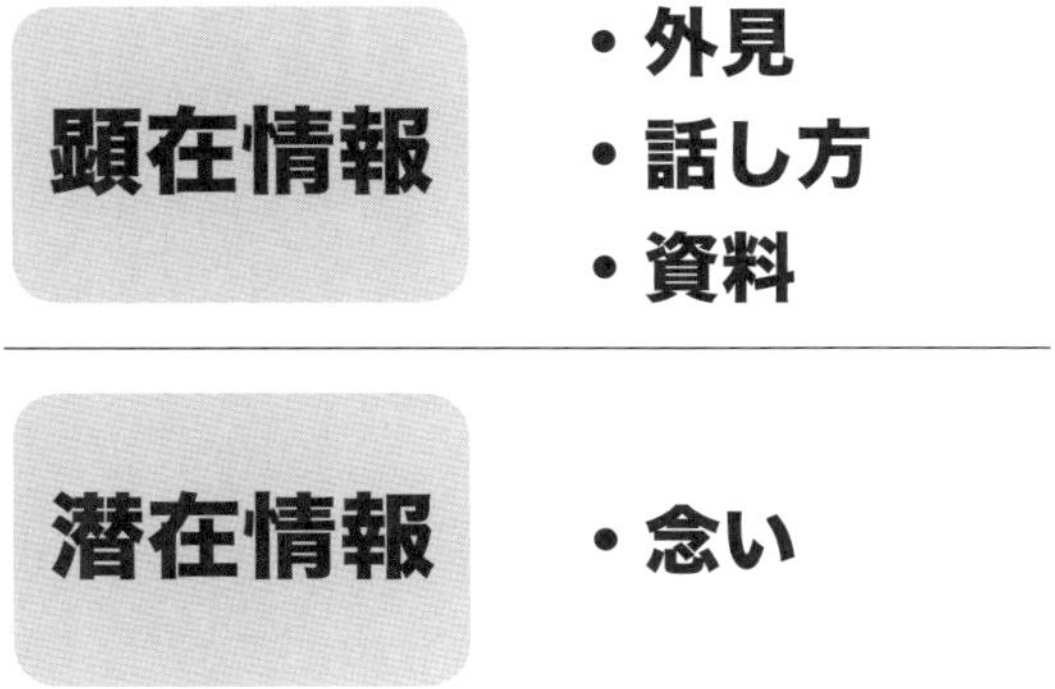

前ページの図は、プレゼンのイメージをモデル化したものですが、プレゼンではまず提案者の「念い」が根底にあって、それをプレゼン資料や口頭で話す言葉によって表現されます。

聞き手から見えるのは、プレゼンターそのものであったり、その人の話し方から感じ取るもの、伝えている内容や考え方などになります。

ただ、この「念い」というのは、なかなか資料中には表現されません。

明文化されていないものについては、質問に対して答えていくことでしか、その「念い」を伝えることが難しいものです。

限られた時間しかない場合は、その時間の中で事柄のみを伝えることになりますから、「念い」にふれるにはさらにハードルが上がります。

では、どうすれば、その「念い」を相手に伝えることができるのでしょうか？

「念い」を伝える三つのポイント

ビジネスにおいて「念い」を伝える際に考慮すべきポイントは以下の三つです。

❶ターゲット　❷シンプル＋ロジカル　❸感情

❶ターゲット

まずはターゲットを明確にします。すべてのプレゼン（伝える行為）は、誰かに対して情報を提示することからスタートします。「このプレゼンは誰に向けて行うものなのか？」。これが明確でなければ伝わりません。

ベンチャー企業へ事業提案する際には、決裁者は20代~30代の方が多く見受けられます。大手企業の決裁者は50代の方がコアな世代です。この時点で20年~30年のジェネレーションギャップが生じます。

同じ資料を持参して、相手が満足に意思決定できるでしょうか？　答えはＮＯです。例えば大手企業の場合は、多数の決裁プロセスを通さないと決まらないことが多いものです。その提案資料に対して質問に的確に答えられるよう、補足資料のデータは多めに準備するほうが賢明です。

一方、ベンチャー企業は規模も小さく、資料保管スペースも限られていると想定してＰＤＦデータで後ほど送付するなど、相手企業の立場に立ってカスタマイズします。

ターゲットを意識することで、資料ボリュームだけでなく、フォントサイズ、文章が多めがよいか、少なめのほうがよいか、紙を使用したほうがよいか、データがよいかなど、その伝え方は大きく異なってきます。

ターゲットに「念い」を伝える上で、相手の立場に立って、一手間《ひとてま》をかけることが重要な要素となるのです。この一手間を、「面倒くさい」という理由や「効率的でない」

という理由で、ないがしろにすると「念い」が伝わりにくくなってしまうのです。

ターゲットのタイプによっても伝え方が異なります。

私は「ハーマン・モデル」*を用いて、相手のタイプに合わせたアプローチを行うことを心がけています。

論理的思考の方には数字を多めにしてロジカルに説明することを意識したり、堅実なタイプの方には根拠となる補足資料を多めに準備することで安心していただいたりします。先に説明した、ターゲット企業の規模感や、決裁者一個人のタイプに及ぶまで、いかに相手を観察し、相手の情報を収集して、相手に寄り添えるかが最も基礎となる部分でしょう。

＊ハーマンモデル：大脳生理学の研究成果をもとにGEの能力開発センター所長であったネッド・ハーマンが開発した、人の「利き脳」を知るための手法。「論理型」「堅実型」「独想型」「感覚型」の4タイプの優位性により言動の傾向がわかるとされる。

❷シンプル＋ロジカル

二番目には、シンプル＋ロジカルという視点です。限られた時間しかないので、その時間を有効に使うためには、次の三点を意識します。

・サマリー資料、および本編資料は枚数を限定する（補足資料と切り分ける）
・課題↓原因↓解決策↓効果の順をベースにして臨機応変にアレンジする
・ＦＡＱ（想定問答）を意識して質問に答えられるように準備をする

限られた時間の中で、詳細な説明まで最初から行っていては、時間がどれだけあっても足りません。相手も、「結論は何ですか？」という思考になってしまいます。まず、最初に概要を端的に伝えてください。

そしてロジカルさを意識して、構成は「課題↓原因↓解決策↓効果」の順番に配置します。型を決めることでプレゼンを作成する時間も短縮できます。

最後のＦＡＱですが、相手はプレゼンを聞いた後で、さまざまな疑問や質問が残るはずです。その疑問を払拭するのが質疑応答です。

日本においては、書かれていること以上に、書いていないことについて質問される傾向があります。その質問に的確に応えることができれば信頼を勝ち取り、安心感を与えられます。

ところが、質問に対して根拠となるデータが示せなかったり、熟考できておらず、見落としがあったりすると、上席からの質問に対してあたふたしてしまうでしょう。

こうなってしまうと相手は不信感を持ち、提案内容も不安になってきます。ですので、プレゼンテーションにおいてはこの三つを意識して準備をしておかないと通るものも通らなくなってしまうのです。

❸感情

そして三番目は、感情を動かすことです。

社内でのプレゼンテーションであれば、データを見せることで説得力が十分担保できます。決裁者は課題に取り組む姿勢が最初から醸成されていますから、相手の気持ち・感情をこちらに向ける必要もありません。

とはいえ、新規事業提案などでは、収益化できるかどうかは未知数なものの、その提案者を信じて予算を充当するという意思決定を行う必要があります。

このような時には、その提案やプロジェクトに対して、決裁者自身がワクワクできるものでなければ承認はしづらくなるでしょう。もちろん、収益につながることはビジネスの大前提ですが、新規事業提案は当事者が最後までやる気を持って自走してもらわなければ成立しないからです。

これに対して社外プレゼンは、赤の他人の感情を動かす必要があるため、社内プレゼンよりもさらにハードルが高くなります。

いかに「自分ごと」として捉えてもらえるか、最後まで寝ないで話を聞いてもらえるか。ここで有効に機能するのがビジュアルです。写真や動画で視覚に訴えると効果的です。

❶ターゲット
❷シンプル＋ロジカル
❸感情

先ほど述べたように、「念い」は潜在情報ですので、なかなか伝えづらいものですが、この三つを意識して盛り込むことで結果的に伝わるようになります。

ビジネスの現場では、「相手がどういう人であろうと、所属している会社さえ取引先として魅力があればＯＫ」という場面があるかも知れません。また、「費用対効果が一番よいからこの会社で」となることもあるでしょう。

しかし、継続的に提案が受け入れられて、仕事を長期にわたって一緒に続けられるか？　部署異動しても指名されて仕事を受け続けられるか？　ということを考えた時、「その人自身」だったり「人間性」ということが非常に重要な要素になってきます。

だからこそ、あなたの「念い」を伝えるアプローチはとても重要なのです。

そこで、本書冒頭の質問は次のように変換されます。

あなたが一番伝えたいことは何ですか？

↓あなたの「念い」は何ですか？

一番伝えたい人は誰ですか？

↓相手を明確に意識して、相手の立場に立って考えて伝えていますか？

この二つの問いは、プレゼンだけでなく、ビジネスを続けていくこと、持続的に関係を保ち続けることにおいて、非常に大切な要素であり、結果にも大きく作用する要因になってくるのです。

これまでは、提案する企業の信頼度、安心度によって判断、評価されていた提案内容が、昨今のベンチャー企業の躍進や、働き方の多様性が認められてきたことによって、「大企業」から「中小企業」へ、さらに「企業」から「個人」へと信頼・安心を得られるような見える化が進み、意思決定のパラダイムシフトが起きています。

企業に所属していても、**誰にこのプロジェクトを任せるのか？この提案をしてきた人がどんな「念い」を持って提案してきたのか？それを見極めて任せる**のです。

働き方改革を掲げて、社員の作業を外部へ委託する際も、キーになってくるのは委託先となるベンチャー企業の代表者の「念い」や個人事業主その人自身の「念い」です。**職能や能力が画一化してきた中で、「念い」こそが、他者との差別化要素であり、判断基準の一つになってきている**のです。

一緒に仕事をしたい人、一緒に時間を過ごしたい人、それはその人が信頼・安心できて、引き続き仕事を依頼したいという「個」に対する評価に変わってきています。そして、その「個」を支えるのは「何を是とし、何に価値を置くか」という美意識の問題になっていることもうかがえます。

その人の**美意識**や、**可視化されていない「個」である人間力を感じるのは感性**であり、**「人を見る目」「人を感じる力」は共感性に拠る**のです。

だからこそ、本書でお伝えする自分自身の「念い」を、相手の感性や共感性に響かせるため、端的に伝える「ミニマム・プレゼンテーション」が有効になってくるのです。私がビジネスパーソンとして、プレゼンテーションクリエイターとして、書家として、今までの経験から皆さんにお伝えできるのは、「いかにして自分の『念い』を、印象深く相手に伝えられるか」ということです。

今、ビジネスの現場で求められるコミュニケーションスキルは、

「伝えたいことを手短に、かつ印象的に伝える技術」

と

「自分の「念い」を伝える技術」

です。前者は限られた出会いの機会や時間の中で、相手のアクションにつながる納得を獲得し、すばやくビジネスを推進することに。

後者は信頼を勝ち得て、相手から選ばれることでネットワークを作り、継続してビジネスチャンスを拡げることにつながります。

相手に興味を持たなければ、あなたの「念い」は伝わらない

私が通信会社に勤めていた頃、新規事業をパートナー企業に提案した時のことです。その条件は、パートナー企業にとってはかなりハードルの高いものだったにもかかわらず、その条件を飲んでいただけたことがありました。

その企業の社長には、誠意を持ってリスクのお話も申し上げました。無理なお願いだったにのも関わらず、その社長は「私は前田さんを信用して、これは飲みます」と言ってくださったのです。これはいまだに記憶に残っているビジネス人生の中でも嬉しかった出来事でした。

それまで自分が一緒に仕事をしてきたことを評価してくださったのかもしれないですし、リスクを取ってでも、その先にある果実を取りに来られたのかもしれません。

何より、パートナー企業の私を「○○会社の人」ではなく、「前田」という一個人として認識してくれたこと。それが一番嬉しかったのです。

逆に、そうではないこともたくさんありました。某量販店に営業担当として出向いた時です。

「あ、ソフトバンクさん」

というように企業名で呼ばれることも多くありました。

忙しい方だから、1日にたくさんの方にお会いになられる方だから仕方がないかなと考えていましたが、私が相手にしっかりと自分を印象づけるような伝え方ができていなかったことが大きな原因だったことに気づくまで、かなりの時間がかかりました。

相手から名前を覚えられないということは、「仕事は、会社対会社として捉えている」「取引先の担当者」としてしか認知されていないという要因が想定されます。

したがって、どんなにいい仕事をしても、どんなにいい結果が出たとしても、それは、その「人」というより、その「会社」という位置づけのほうが大きいのです。

では、なぜ相手は覚えてくれなかったのでしょうか？　答えは

自分自身が相手に「興味があるかないか」

です。私自身がその店舗の店長に興味がなかったことが大きな原因でした。相手に興味がなければ相手のことを知ろうという気が起きません。相手に対して興味がなければコミュニケーションの頻度や量も少なくなるため、相手からも認識される度合いが下がっていくのは当然です。

あなた自身を覚えてもらえれば、ビジネスは好転し、関係性も継続していきます。繰り返しますが、あなた自身の「個」を認識させるには、相手に興味を持ち、相手からも興味を持たれることが大切です。

私はいつもビジネスを行う際に、相手の方と何の会話を交わすかを考えるのが好きなのですが、その方の仕事内容に留まらず、次の三つを伺うようにしています。

・ご出身
・お名前の由来
・趣味の話

出身だけでなく、「生まれも育ちも〇〇ですか？」「何年くらいいらっしゃったんですか？」「ご両親がそちらのご出身ですか？」などを続けて伺います。

苗字があまり見なれないものであれば、「△△さんのお名前は〇〇県に多いんですか？」などと聞くと大概の方は「〇〇県には多いようなんです」「実は□□の子孫でして」というように、いろいろ伺う中で、どんどん相手のことに興味を持つようにしていきます。

そして、「お休みの日は何かやられているんですか？」とか「結構長くその趣味を続けられているんですか？」と、相手の情報をたくさんキャッチしていきます。情報が増えるほど相手も返報性の法則（他人から施しや親切を受けた際にお返しをしようと考える心理）が働いて「前田さんは？」と聞いて来られます。まずはこちらから質問していくことです。

過去に、「私、すごくお手紙を書くのが好きなのよ」という女性の経営者の方がいらっしゃいました。次にお会いする時に迷わず便箋を持参すると、とても喜んでいただけました。ビジネスの話だけでは、ほんの少しの心遣いも的外れなものになっていたかもしれません。

「この案件です。これをやりましょう。じゃあ、以上です。今回はありがとうございました」と言って帰っているようだと相手に対する興味も出ておらず、さらに一歩踏み込んだ仕事にもつながりません。

ビジネスに関わることについてだけしか接点を持たないと、その仕事が終わった瞬間に、二度と一緒にお仕事で組むことはないでしょう。別の会社に転職しようが独立起業しようが、自分に対する興味を持ってくれる人というのは覚えていてくれますし、その先の未来においてもつながっていけるのです。

出会った時点での、その方の企業名や肩書きといった、顕在化された情報だけに囚われず、相手に興味を持ち、潜在的情報を取りに行ってください。

「念い」は二つのシートを使って研ぎ澄ます

テクノロジーの進化は目覚ましく、話せばスマホで音声を認識してテキストに変換してメッセージが送れる時代になりました。

文言の変換精度も上がってきており、手で入力するよりも時間を短縮することができます。ですが、いくら音声認識機能や変換精度が上がっても、それだけですべてが事足りるわけではありません。

結局、自分が伝えたいことにしっかり向き合っていなければ、テクノロジーが進化して、利便性が向上しても、何も伝わらないのです。

伝えたいことをしっかり「考える」というプロセスは、どのシチュエーションにおいても必要なことです。この時に使用するのが「ブレストシート」です。

■ブレストシート

	結論	根拠
課題		
原因		
解決策		
効果		

例えば、あなたがセカンドライフで何をしようか考える場面を想定してみましょう。独立起業して新たなビジネスを始める設定でも結構です。

自分の時間を使って、会社に帰属せず新たな一歩を踏み出すわけですから、まずは自分が何をしたいのか、それはどんな課題を解決することにつながるのか？　などを考えてみるとよいでしょう。

そのためにはまず、何に対して課題意識（不満・不便・不安なこと）を持っているかを考えてみます。自分が本当に課題意識を持っているテーマにしないと、最後までやり切ることが難しくなるので注意してください。

自分ごとになっておらず、ただ「儲かりそうだな」と思ってスタートして、儲かるところまで行けばまだしも、それすら実現しないことも多いのです。

例えば、先に挙げたテクノロジーの進化で文字を書く機会が減ってきたことに不安を感じているとします。そうするとこのまま文字を書かなくなってしまうと、どんな課題が起こるか考えてみるのです。

「文字を忘れてしまう」「手を動かす頻度が減少するため、脳機能の衰退の進行が早くなってしまうのでは？」といったことが想定されます。

それらをさまざまな文献やデータ、有識者へのヒアリングなどから根拠を固めていきます。

そして、解決策として、文字を書く機会を増やす絵手紙教室や書道教室、カリグラフィー教室の開校といったことを考えたとします。

これにより、自分と向き合う時間（内観＝自分を言葉にする時間）が創出され、脳機能が活性化することで健康寿命が伸びることが効果として期待されます。

この事例をプロットしたものが次ページの図です。

いかがでしょうか？　いきなり何かを伝えるよりも、自分の考えを整理することができるのではないかと思います。

さらにこのアイデアを有効なものにするためには、自分の中の「念い」を棚卸《たなおろし》する必要があります。それを整理できるのが「ピラミッドシート」です。

■ブレストシートを埋めた状態

	結論	根拠
課題	ITの進化で手紙や文字を書く機会が減ってきてしまった。	□スマホ普及率推移データ □年賀状の利用率の低下データ □文字の認識率の低下データ □脳機能の衰退への影響がわかるデータ
原因	テクノロジーの進化	□音声認識、変換精度の向上 →変換成功率のデータ
解決策	□絵手紙教室 □書道教室 □カリグラフィー教室 □施設での訪問教室 →学生スタッフとの連携など	□各教室の規模（受講者数、開校数など）や、現在の市場規模がわかるデータ
効果	□健康寿命の長期化 □アイデンティティーの創出 □次の世代へ書く文化の橋渡し	□手を動かすことによる医学的根拠データ

このピラミッドシートは、一番上がアウトプット（HOW）のパートで「どうやって実現させるか？」に該当します。ブレストシートの解決策に当たる部分です。

スキル（What）は、あなた自身や企業の「強みや特徴」を記載します。起業する場合はそのビジネスの強み、他社との差別化要因を記載します。

そして、志（Why）はあなたの「念い」や企業理念を書くわけです。

この、ピラミッドシートやブレストシートを作成し、やりたいことを通じて自分自身を内観（＝自分を見つめて言葉にすること）するツールとして使うことで、本当に実現

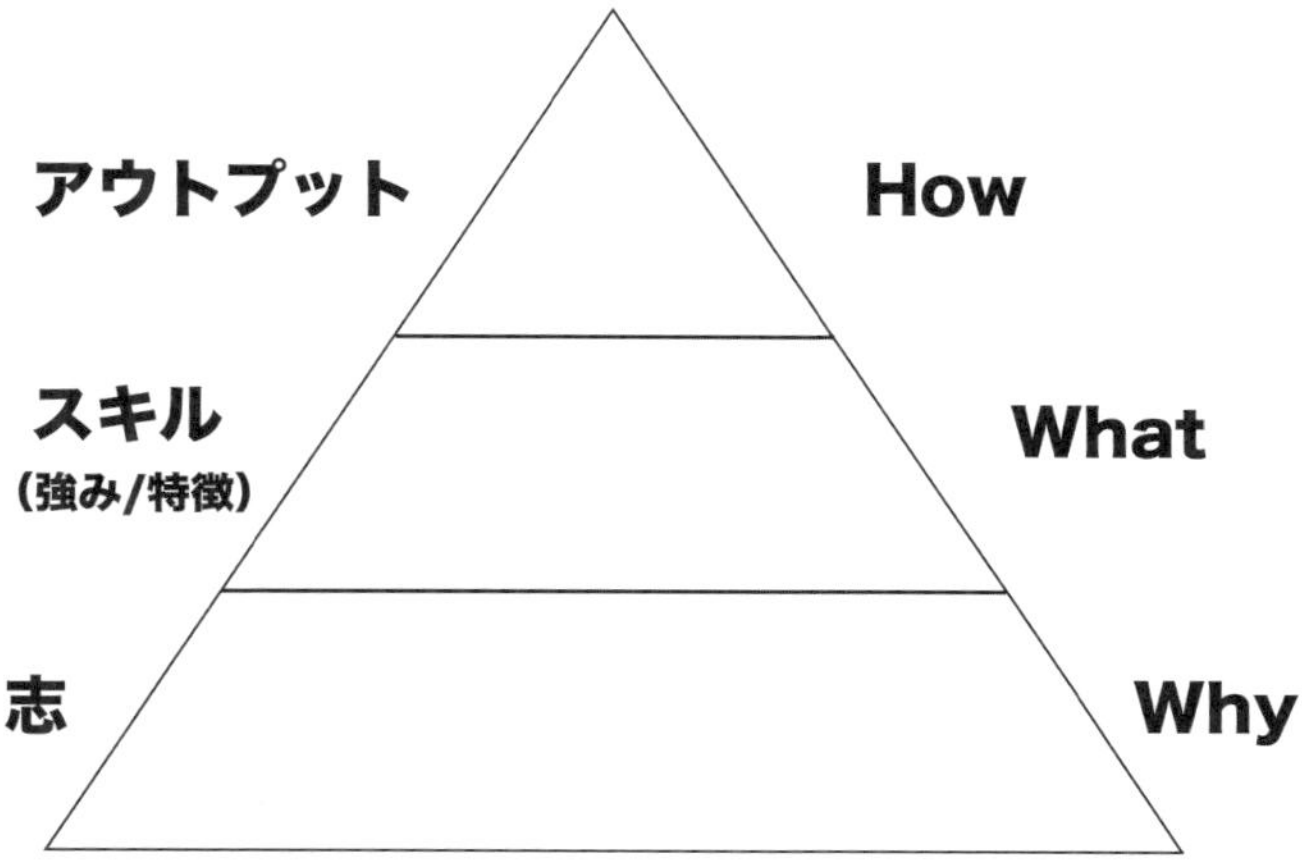

■ピラミッドシート

したい未来やあなた自身の「念い」に辿り着くことができます。

具体例として、私が主催している書道教室のピラミッドシートを紹介します。

これは実際にソフトバンクを退社して書道教室を開校するにあたって作成したものです。

これらのブレストシート・ピラミッドシートですが、パソコンでパワーポイントを使って作成するよりも、最初は手書きをお勧めしています。

ホワイトボードに書いてもよいですし、ノート、コピー用紙でも結構です。とにかく手書きが重要です。

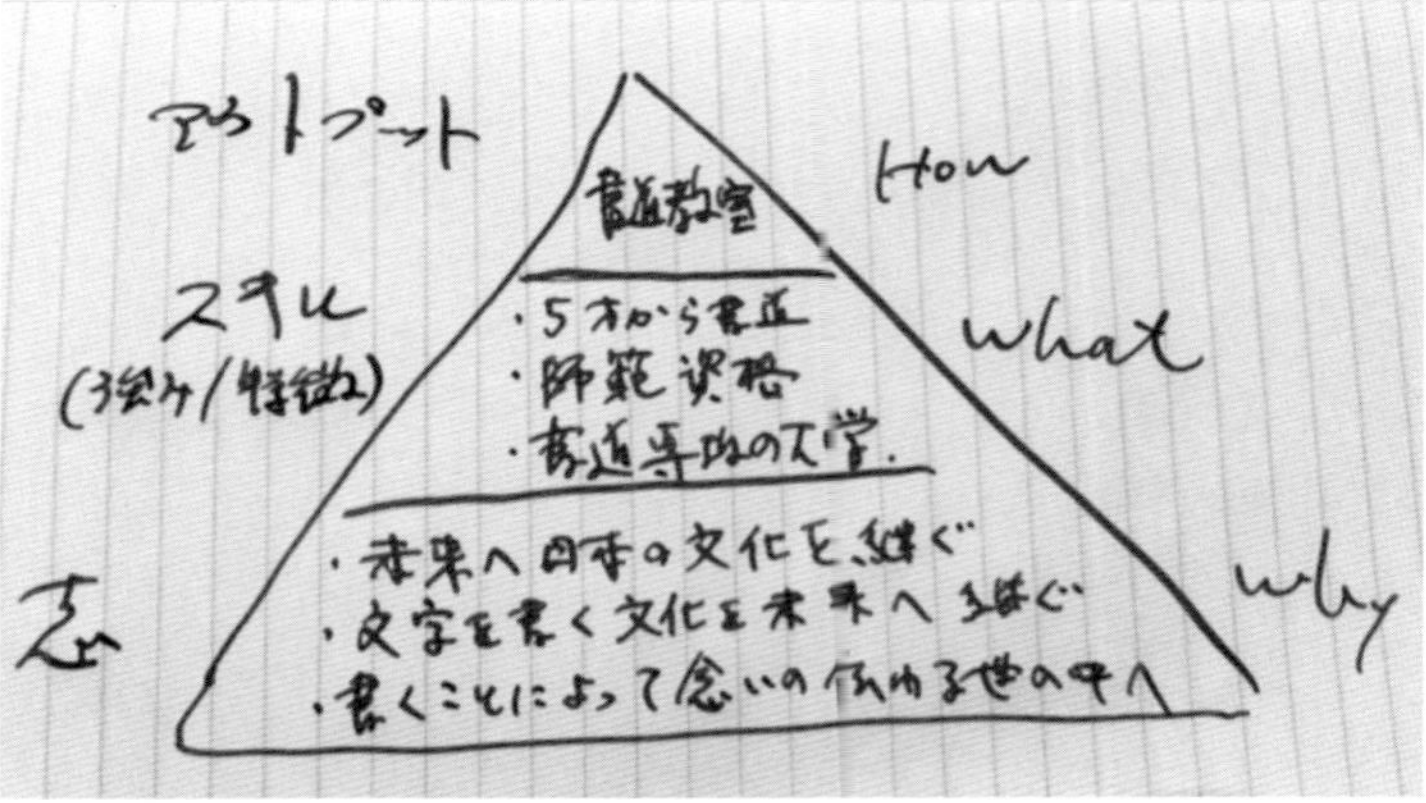

■手書きのピラミッドシート「継未（つぐみ）設立」

われわれの思考は一方向に進むだけではなく、戻ったり進んだり、回り道をしたりするものです。書き出すことで文字化したところから思考がさらに進むことは、皆さんも実感があるのではないでしょうか？ 書くという行為は、文字化・文章化して、それをまた再考するアプローチが可能になります。

二つのシートを使いながら、手書きで「念い」を整理することで、ロジカルな思考の深堀が可能となるのです。

ただし、手書きはタイピングするのに比べると圧倒的に面倒くさいと思います。しかし、この面倒くさいプロセス（所作）があるからこそ、自分と向き合い「内観」する時間が確保できるのです。

この二つのシートを活用すると、限られたスペースに書き込むため、シンプルな表記にできます。

自分に向き合い、考えてきたことを、相手の印象に残るように一言でわかりやすく伝えるための最適化を図ることが、メッセージとしての「念い」を強くすることにもつながります。

「個」を打ち出すことと出会いを大切にすることの意味

ビジネスを通じて、私はいろんな方に導いていただきました。

17年間、複数の企業に所属してきた中で、その時その時の上司、同僚、部下、一緒に仕事をした社外の方々のおかげで成長することができました。

ビジネス環境に自分の身を置いた時、一人では何もアウトプットができず、事を成すというのはかなり難しいものだということも実感しました。

大きなプロジェクトは、多数の部門の協力がなければ動かすことができません。自分一人では限界があるわけですから、なるべく多くの人を巻き込む。そのために、メンバー一人ひとりに当事者意識を持ってもらうことも、一人ではまず、できなかったと思います。

翻って「書を書く」という行為自体は、先生方や古典から学ぶということはあったとしても、かなり「個」に埋没した営みです。

自分と向き合うことが主で、アウトプットも自分がどう考えて、何を世の中に打ち出していくかというプロセスですから、他者が介在するということが、ビジネス環境と比べると明らかに少ないのです。

私はビジネス環境で多くの人々と一緒に事を成すことと、一方で書というフィールドで「個」と向き合うことを並行して進め続けてきたおかげで、両者をバランスよくアウトプットする術を構築することができました。

与えられた環境だけで日々過ごしてしまうと、限定的なビジネス環境の中だけでのアウトプットが主となってしまい、ある程度の年数が経つとマンネリ化してきたり、成長が止まったり、コンフォートゾーンを抜け出せなくなってきます。

そこをもう一歩踏み出して、他部署であったり、外部企業であったり、より上席の方々との交流を自らが動いて行うことで、「個」の打ち出し方に変化が起き、どう自分を表現すれば相手に伝わるのかが日々磨かれ、自分のポジションが大きく変化していくことにつながりました。

私のビジネス人生の中で大きな転換点となった「ソフトバンクアカデミア」がそれに該当します。

孫正義氏の後継者育成機関として設立されたのが2010年。そこには一万人の応募者の中から100名に厳選されて入塾してきた外部生との出会いがありました。より多くの外部の方々と出会うことにより、外の世界を知ることができたのです。この外部の方々の「個」の表現は多岐に渡っていました。

そこで圧倒的な「個」を打ち出すには、その人自身の軸が必要であり、その人自身の「念い」がないと、何も伝えられないものです。それをまざまざと見ることができた環境に身を置けたことは、今も私の財産となっています。

外部の方々の多様な思考や働き方を垣間見ることで、大きく変化するきっかけをつかめました。

自分を形作るのは、何かしらか自分が今まで経験したことや書物からだけでなく、人との出会いで大きく変わっていくものです。私も影響を受けた方々との出会いがなければ、おそらく今の自分は存在せず、独立起業もせず、ソフトバンクで仕事をし続けていたでしょう。

出会いによって、自分の人生が大きく変わるというのは、誰にでも起こり得るものです。

そして人生を営んでいく以上、出会った人がどう寄り添ってくれたか、どんな言葉をかけてくれたのか。それを自分がどう感じて何を思い、また与える側になって次の方へバトンを渡していけるのか。

自分自身の「念い」「個」を持つこと。そして出会いによって、人生というのは大きく変わっていくものであると私は確信しています。

セカンドライフは「個」の時代

「個」を打ち出すことが大切になる点のもう一つは、セカンドライフです。

これは社会人としてスタートしたばかりの人にはピンとこないかも知れませんが、40歳を過ぎた方からミドル、ベテラン層の方にとっては納得しやすいかと思います。最近では65歳で定年という企業が増えてきましたが、65歳といってもまだまだ若い年代です。さらに10年20年と生きていく中で、会社という肩書きがなくなった時、一個人としてあなたは歩んでいくことを求められます。そもそもあなたの強みは何でしょうか？　あなたのアイデンティティは何でしょうか？

もちろん、貯蓄と年金で旅行に行きながら優雅なセカンドライフもあるでしょうが、人間は元来、「暇を持て余す」という言葉があるように、時間にゆとりができるとその過ごし方に不安を感じる生き物です。社会貢献しようにも、あなた自身が何をしたいのか、自分と向き合うことが求められます。

そこで、「個」をどう伝えるかという「ミニマム・プレゼンテーション」のスキルが役に立ってくるのです。

これまで会社に勤めていた頃の自己紹介では、「〇〇会社の△△です」というように企業名が付けられたのですが、所属がなくなってしまうとつけられません。「元〇〇会社の」…これも過去の経歴にしがみついているように受け取られます。

もちろん自分で会社を経営したり事業を興していれば、伝えやすさは変わってきますが、その場合であっても「個」をきちんと伝える、「個」をアピールすることが基本です。

「あなたは何者ですか」

この質問に対して端的に伝えられる事柄をしっかり考えておく。この準備が必要です。

「三つ」で伝える自己紹介

この本の「プロローグ」でもお伝えしましたが、「自己紹介は生涯で一番行われるプレゼンテーション」です。そのため、プレゼンの基本中の基本とも言えるわけですが、しっかりと相手の印象に残る自己紹介ができる人は、意外に少ないと思います。

私が行う研修では、冒頭で五人のグループになって順番に「一人1分間で自己紹介をして下さい」という演習を行うのですが、ほとんどの方が以下のようなことを大体五つ以上お話しされます。

・名前
・名前にまつわるお話

・出身地
・出身地の名物
・会社名（部署名）
・勤続年数
・前職の経験
・転勤経歴
・転職してきた経緯、過去の話
・現在の具体的な業務内容
・家族構成
・趣味
・ここ最近のトピックス
・その他

いかがでしょうか。1分間という短い時間にも関わらず、かなりの項目数を話します。もちろんこの項目のすべてではありませんが、グループメンバーの話した内容すべてを記憶するのはかなり集中していないと困難です。

研修ではこの後、以下のワークを行います。

❶グループメンバーおよび、自分が自己紹介で何を伝えたか、思い出せる限り単語で書き出す（3分間）

❷グループメンバーが個々に伝えた事柄で一番印象に残った単語と、自分が話した内容で一番伝えたかった単語に丸をつける（各自一つのみ）

❸自分が一番伝えたかった単語について他のメンバー全員が丸をつけたか確認する

❸の答え合わせをすると、自分が丸をつけた項目と他のメンバー全員が丸をつけた項目が合致する人は平均して全体の1割。つまり、1割の人にしか伝わっていないのです。原因はいろいろありますが、

・相手の自己紹介にそもそも興味がない
・さんざん自己紹介をしてきて、話すことも聞くことも飽きてしまっている
・順番に自己紹介をすると最初の発表者をトレースするので同じような事柄の内容になるため覚えられない
・自分に回ってくる直前まで何を言おうか考えていて、人の話を聞いていない
・順番が終わったらホッとして聞いていない
・たくさんのことを伝えられても、結局何が言いたかったのかがわからない

といったところです。

つまり、これまでほとんどの方が日常で行なってきた自己紹介は、伝わらない自己紹介なのです。

では、どうすれば自己紹介を相手に印象づけることができるのでしょうか？

効果的な自己紹介の手法に、「マジックナンバースリーの法則」があります。

伝えたいことを「三つに絞る」のがポイントです。三つまでなら限られた時間で相手の記憶にしっかりと印象づけることができます。

例えば、私の場合は次の三つです。「書家」というアーティストの一面、「プレゼンテーションクリエイター」として執筆や企業研修・講演などの活動もしており、家では「夫で2児の父」でもあります。まず、この三つを伝えます。ここで大事なのは文章で説明するのではなく、キーワードを単語で提示することです。

さらに、「今日皆さんにお伝えしたいのは」と言ってから、一つに焦点を当てて

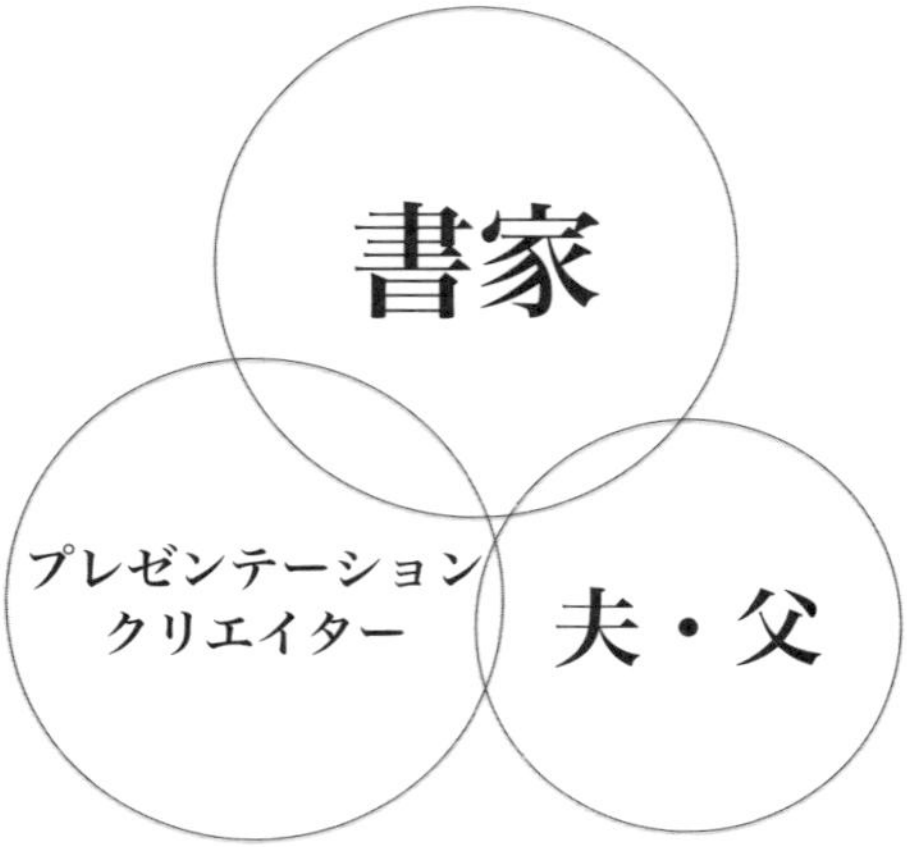

「書家についてです」と言って1分ほど書家について伝えます。「残りの二つについてはこの後個別で」と伝えれば、あとで会話のネタにもなります。1分ですべてを詰め込んでしまったら、伝えたいことが印象深く伝わりません。

また、三つまでであれば覚えられますが、四つ、五つ、六つと、たくさんの事柄を話しても、相手の記憶には全く残らなくなります。

そもそも自己紹介は有無を言わさず、相手に対して一方的に自分を紹介する行為です。先ほどのマジックナンバースリーの法

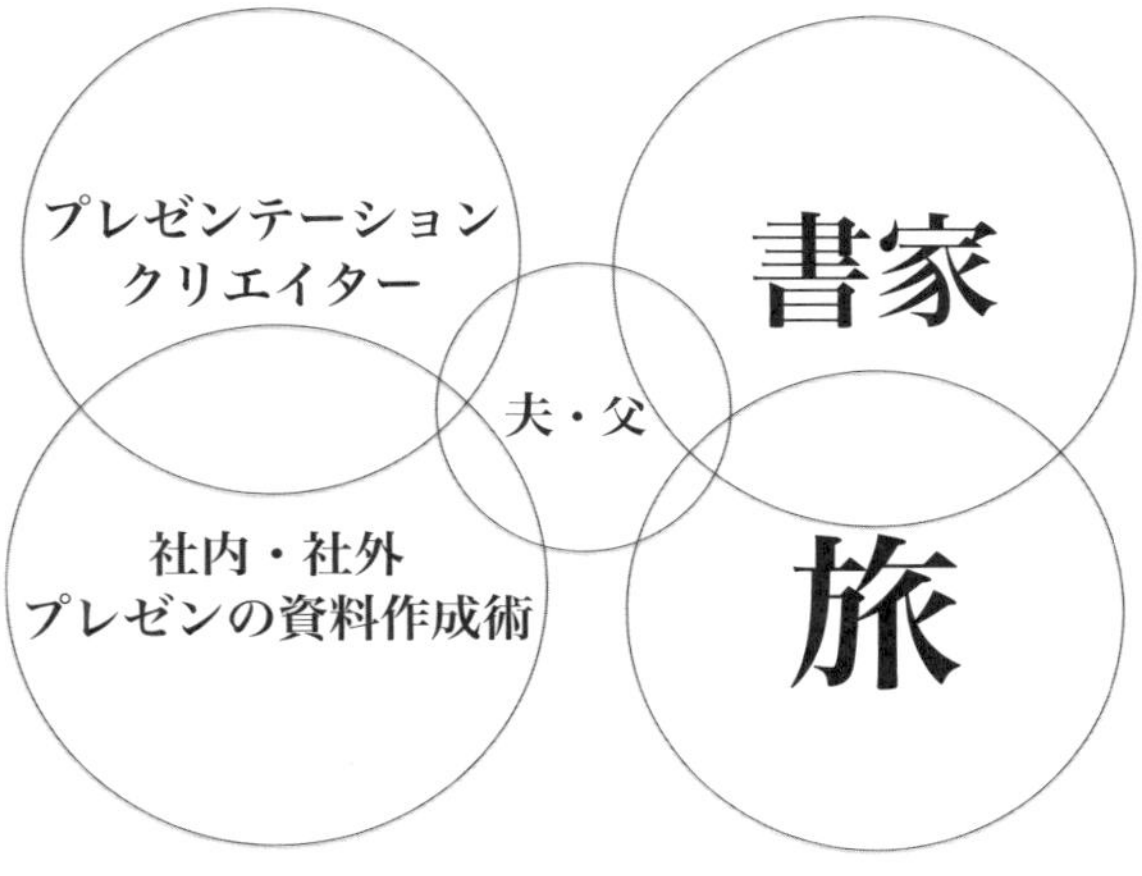

則を利用すると端的に伝えられます。したがって、まずは三つに絞り込んでみてください。言いたいことを絞らないと、相手の記憶には残りません。

さらに、**確実に記憶させるとっておきの伝え方は**、最初から

「一つに絞る」

伝え方です。「今日、お伝えしたいのは、たった一つ。それは○○です」と言って、何か一つだけテーマを決めて話すと、聞いている方々にきっちり覚えてもらえます。

そして、一つにしても、三つにしても、**最初に「数」を示すのがポイント**です。自己紹介は限られた時間で伝えるものがほとんどですので、少なくとも自分が伝えたいことがいくつあるのかを伝えてください。

もう一つの**興味の持たせ方のテクニックは「数値化」**です。

私の場合は、２０１９年現在「41、17、５」という数字になります。いきなり数字

だけを伝えられると、一体何を伝えたいのか聞いているほうは疑問に思います。この、**疑問に思わせるのがポイント**です。

何のことだろう？　と考えることでこの内容が自分ごとに一瞬置き換わるのです。考えさせることで興味を持たせる。その意味で、数字は非常にパワフルなメッセージになります。

先の例ですと、「書家歴41年、企業に所属してビジネスマンとして過ごしてきたのが17年、独立起業して5年」という形でお話できます。

では、このマジックナンバースリーを、「手書き」要素を加えた「ミニマム・プレ

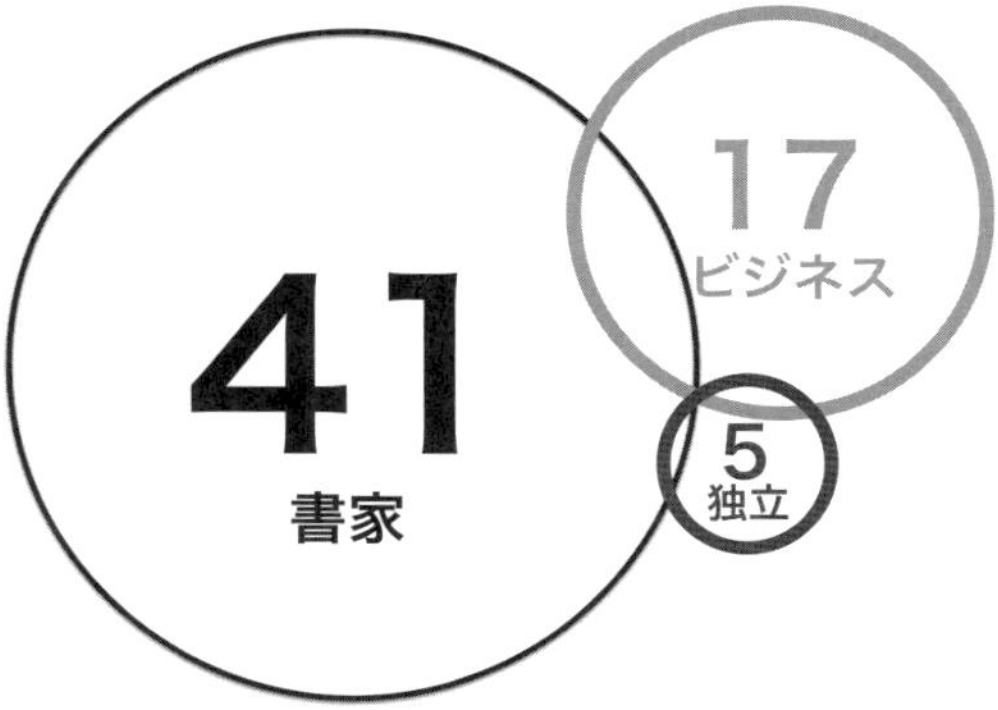

ゼンテーション」として実践するには、どのようにすればよいでしょうか？

ホワイトボードに三つの丸を書いて伝えることもできますし、コピー用紙に書くことも可能です。学校であれば黒板でもよいでしょう。

手書きで文字を書くには時間がかかります。

この時間は聞き手からすると、「間《ま》」が空くことになります。この「間」が大切なのです。「間」ができることによって、相手はあなたの伝えたい事柄にさらに注目することができるからです。

自己紹介は人生で最も多く行われるプレゼンテーションですが、何度も行われるため、慣れも生じて自分自身に飽きも生じます。ただし、初めて聞く方にとって、あなたの自己紹介は、初めてあなたを知るきっかけになります。

出会いを大切にするためにも、第一印象が大切なことは、本書の冒頭でお伝えしたとおりですが、今後、自己紹介をする機会のために、「三つ」と絶えず考えておくことを習慣にするだけで、急な自己紹介を求められた場合でも、緊張せずに伝えることができるのです。

会社紹介はブラッシュアップが鍵

自己紹介は、自分のライフイベントに合わせて、その時々で三つというのは変えやすいものです。

結婚・引越し・転勤・転職・出産・ペットを飼った・子どものイベント・家族旅行など、こういったライフイベントは日常の小さな変化から大きな変化まで、自分ごとですから自分が理解していて当然です。

ただし、自己紹介と大きく異なるのが会社紹介です。

営業の方でなくても、会社から一歩外に出れば、あなたは会社の代表社員として見られます。

あなたは、所属している会社を、端的に三つに絞って伝えることができるでしょうか？

それ以前に、あなたは自分の所属している会社の情報を、絶えず自己紹介のようにブラッシュアップできているでしょうか？

私が20代の頃、営業を行っていた際、とある取引先の社長さんを訪ねた時のことです。打ち合わせの冒頭に「今朝の新聞に御社のグループ会社の記事が出ていましたね」と切り出されました。

その時に「いや〜。それはうちのグループ会社のことで、私はよくわかっていないんですよね」とお伝えしたところ、とても怪訝そうな顔をされて、「グループ会社といえば家族のようなものですが、前田さんは興味がないんですね。家族に興味がない方は他人の私の会社などもっと興味がないはず。申し訳ないですが、担当を変えていただきたい」と単刀直入に切り出されました。

この出来事は、私が所属する会社に対する私自身の向き合い方や、なぜ、この会社に入ったのかを改めて思い出すきっかけとなった事件でした。

すぐにその社長に謝罪して、「改めて出直します」といって退出しました。自分が所属している会社のことを、自分ごととしてキャッチアップしていなかった自分を恥じました。

それから毎朝、新聞を開いて関連する事業があればしっかりと把握する、ネットで検索をする、新しい業界への事業拡大や新規参入があれば書籍を買って学ぶ、といったことを習慣にしていきました。

この習慣が、気がつけば会社が進もうとする道に素早くミートしていく、自走力を持って自社の情報を取りに行く姿勢にもつながったのです。

会社の情報は、自分の情報とは違って、放っておいても自動的にはアップデートされません。

会社の動きを自分ごとのように捉え、絶えず最新の情報にアップデートさせておく。さらに一歩進めて、上層部の会議に出席できるように努めると、より早く、会社の向かう方向にキャッチアップできます。

そのことで、あなた自身が社外の方からの信頼と信用を獲得するための「ベース」が構築できるのです。

「ミニマム・プレゼンテーション」における「手書き」の意味

さて、いよいよあなたの「念い」を伝えるわけですが、ビジネスシーンでは、パワーポイントやキーノートでのプレゼンテーションがメインツールとなります。配布資料を印刷して配ったり、ワードで案内状を書いたりすることもあるでしょう。

この画一的な伝え方の中に、「ミニマム・プレゼンテーション」である「手書き」という表現が加わるとどうでしょうか？

ここで、相手の立場に立って考えてみましょう。

パワーポイントやワードなどのツールを使って情報が伝達されるのは想定内です。

では、相手が驚いたり、感動したり、記憶に残ったりするのは、どういった場合になるでしょうか？

プレゼンに限らず、日常において自分の予想を超えた時、大きな驚きや感動が伴い、深く印象に残ります。

そこで、「ミニマム・プレゼンテーション」では、誰でも簡単にこの想定外を作り出せる手法として「手書き」の表現を取り入れます。例えば、

・パワーポイントでピンポイントの手書きスライドを使用する
・名刺に手書きを添える
・お礼状には手書きの一筆箋コメントを添える

といった「手書き」を活用します。

大切なのは、あなた自身の「念い」を端的に表現できているかどうかということ。

もう一つは、どこまで相手の立場に立って考えられているか？ということになります。

NTTデータ経営研究所が興味深い研究を行なっています。

2017年に発表した「アナログ価値の実証実験」において、タイピングされたものよりも手書きのほうが「時間と手間をかけてくれている」ということを読み手が感じ取り、書き手へのポジティブな印象や、書き手の人となりの理解につながっているという実験結果が提示されました。以下、レポートより一部抜粋しましょう。

これは、時間をかけて丁寧に思いを込めて書く（時間・運動コストを掛ける）ことは、そのコストに見合った情報が読み手に伝わるという考え方もできます。

このように手書きによるコミュニケーションは「相手への思い」、あるいは「自分らしさ」を伝達できるという点で、電子媒体によるコミュニケーションにはないユニークさがあると考えられます。

もちろん、実験結果には、タイピングによる活字でのコミュニケーションは、短時間で入力でき、かつ「読みやすく丁寧である」という印象を与えるので、一定の伝達品質を有する「コストパフォーマンス」のよいコミュニケーション手段とも言えるので目的や状況に応じて、デジタル・アナログ両者の恩恵を上手に使い分けていくことが日々の社会生活をより豊かにしていくうえでも必要なのではないでしょうか。

●https://www.nttdata-strategy.com/aboutus/newsrelease/170704/

このように、「手書き」には一定の効果があるという研究成果も出ています。「手書き」とタイピングによる活字を使い分けるのが有効ですが、そうはいっても、字の上手・下手があり、人前で自分の文字を見せることは避けたい、というのも心情です。

これに関連したエピソードを紹介しましょう。

２０１９年7月22日放送の「5時に夢中！」（ＴＯＫＹＯ ＭＸ）という番組で、マツコ・デラックスさんが、小学5年生の男の子の疑問に答えていました。

「先生には『字をきれいに書きなさい』と言われますが、お兄ちゃんには『どうせ将来はパソコンで書くから下手でいい』と言われます。どっちが正しいですか？」という質問に対して、マツコさんは「お子さんだからといって子ども扱いはしません。ちゃんと大人として対応しますけど、それは、あなたがどうなりたいかです。『字もキレイだね』って言われる人間になりたいのか、『別に字なんかいいわよ。汚くたって見てわかりゃいいじゃないの』って割り切れる人なのか。子どもとはいえ自分で判断して生きていくんです。子どもといえども一人の人格を持った人間です。どっちが自分にとって正しいのか、自分で決めなきゃいけないんです」と語られていたのです。

このマツコさんのコメントには私も共感するところですが、字が上手でありたいと思っても「今から上手に書けるように練習していたのではいつになることやら…」と思われるでしょう。

ここで、さらにもう一歩この議論を進めて、「そもそも手書きの文字を使って相手からどう見られたいのか？」ということについては、選択肢があるのを皆さんはご存知でしょうか？

私たちは、文字には「上手」か「下手」かの二分類しかないように考えてしまいますが、実はそうではないのです。

小学生の時に、私たちは等しく書写という授業で書を習うことになっています。不思議なもので、書はお手本どおりに書かないと朱で直されてしまうため、「綺麗に書かなくてはならない」「読める字を書かなければならない」「上手に書かなければならない」といった具合に自由度がないまま小学校・中学校と進むことになります。これでは、字を書くのが嫌いになったり苦手になるのは当たり前です。

現在（２０１９年10月）、約７００名の生徒様が当方の書道教室に通われていますが、左利きの方も多数お見えになります。

左利きだった方は幼少期に右手で書くように全員が矯正されたと言っています。書は右利きを基準にして文字が作られているため、右手で書いたほうが綺麗になるのは理にかなっているのですが、現代においてそれを遵守しなければならないために、本当に多くの方々が書くことに匙を投げてきたと思います。

何度も申し上げますが、**「念い」を伝えることが大切なのであって、文字の上手さを伝えるものではない**のです。大切なのはメッセージそのものなのですが、そこに「手書き」要素で驚きや感動を与えることで、より深く印象づけるのです。

では、**上手でもなく、下手でもない手書き文字の見せ方**とは何か？　それを一言で言うならば、

「味」

です。あらかじめ断っておくと、上手に書きたい、綺麗な字が書きたい場合は、上手に、美しく、綺麗な字を練習して書けるようになっていただくことでよいのです。それもあなたが選んだ「味」の一つです。上手ではないけれども個性的だったり「味」があったりするほうが好ましいと思えば、それがあなた自身の「念い」の伝え方になるのです。

つまり、上手に綺麗な文字が書けるから相手に伝わり、感動させたりするわけではないのです。苦手な方も書き方を意識するだけで味のある文字を書くことができます。そして、あなたが選んだ文字のジャンルが、あなた自身をブランディングする一助となり、あなたの「個」を認識するツールになるのです。

それに、綺麗な字を書いたからといって「念い」が伝わるわけではない、というのが私の書家としての見解です。上手に達筆な文字の素晴らしい手書きのお手紙をいただいたからといって、心が動かされるということではないのです。

それはそれで、「達筆だな」「たくさん練習されたんだろうな」と思うのですが、そこにとてつもなく心がこもっているように映るのかどうかは、受け取った方によって捉え方が異なるということです。想像してみてください。達筆なお手紙をいただいて、返信のお手紙を書こうとした時に、一瞬躊躇しませんか？

例えば、子どもが書いてくれた手紙や「お父さん早く帰ってきてね」の一言など、「上手」か「下手」かではなく「念い」が伝わってきたりするものが多々あるわけです。

もちろん、大人であっても「丁寧に」「一生懸命に」「念い」を込めて手書きで書いてもらえただけで十分伝わってくるのです。

■子どもの「手書き」メッセージ

ビジネスパーソンにとってのセルフブランディングと手書き文字

ここで言う「手書き」というのは、単にメモを書いて渡すこととは異なります。例えば、ビジネスシーンの中で、手書きで電話メモを書いて机に置くとか、付箋に「コピーお願いします」というちょっとしたメッセージを書いて単なる用件を伝えるようなものは「ミニマム・プレゼンテーション」には含まれません。

単なる「手書き」と「ミニマム・プレゼンテーション」においての「手書き」を分けるポイントは、手書きにしようと思う理由や目的が明確にあるかどうかです。

相手に一番伝えたいことは何か？　を考えた時に、伝えたいことだけでなく、あえて「手書き」で手紙をもらった時の相手の気持ちを考えます。「手書き」の手紙をもらった時の相手のリアクションだったりを想像するのです。

ポイントで使ってこそ、効果を発揮する「手書き」文字

すでに普段から「手書き」をビジネスに取り入れられている方なら実感されているかも知れませんが、「手書き」が刺さるお客様というのは、確実にいらっしゃいます。

接客やホスピタリティーを求められる場面でのメッセージ。

保険や不動産売買といった高額商品やサービスの提供時やフォローなど、「手書き」でのコミュニケーションに「信頼」「誠実」「丁寧」「真心」といった価値を感じてくださるお客さまです。

効率化が優先される今の時代、ビジネス文書をすべて「手書き」で書く必要はなく、「手書き」を使うシーンはごく限られています。署名や特別な顧客に礼状や詫び状を書くことぐらいではないでしょうか。

ただその時、何の意識もせずに「手書きで書きさえすれば効果がある」という認識でいると、不思議なことに「この人は形式的に手書きで書いているだけだ」ということが文字に現れて伝わってしまいます。こなれた感や雑な感じが否めないのです。

そうではなく、そこから一歩進めて、「念い」を込めることで、手書き文字が自分を印象づけるツールになり、自分を表現する「ミニマム・プレゼンテーション」になるのです。

打合せや商談の後、メールですぐ「今日はありがとうございました」と返すスピード感は大事です。さらに、お礼状など、手書きで感謝を伝えることで、相手の印象は大きく変わります。私もお礼のメールを送り、その後お手紙を添えてお返しをすることもあります。

ビジネスはスピードがあって然るべしですが、さらにもうひと手間加えられるかどうか。「スピード感＋α」があなたの「ブランディング」になるのです。

以前、コンサルティングをしていた企業様で、既に決まっていた物件をどうしても自社にて出店したいという「念い」を手書きの手紙で伝えられました。

その物件のオーナーは、「念い」の込められた「手書き」のお手紙に感動されて、その企業は希望する物件を押さえることができた。「ミニマム・プレゼンテーション」

で未来を切り開かれたのです。

世の中は、今まで以上に激しく変化し、これまでの経験や常識が通じないことが、ますます顕著になっていきます。その中で、いかに自分の「念い」を伝えられるかはとても重要です。

切り札になるのは、一ビジネスパーソンとして「個」を伝えることができるかどうか。それが大きな分水嶺《ぶんすいれい》（物事が決まる分かれ目）となります。

「念い」ありき。

そして、その伝え方にも「念い」ありき。

令和の時代は、間違いなく「個」の時代。**企業ブランドよりも、あなた自身の「念い」によって醸成されるブランド価値が、相手の意思決定を左右する**のです。

経営者、リーダーにとっての「手書き」への憧れ

これまで17年、企業に所属してさまざまな経営者やリーダーを見てきました。そして現在、年間200社の企業と仕事をする中でも、経営者やリーダーと接する機会が数多くあります。一言で表せば、経営者やリーダーは誰よりも「念い」が強いことを痛感します。

そして、大概の経営トップやリーダーは、歴史上の偉人や、リスペクトする経営者の方を絶えずベンチマークにされています。

明治時代に戊辰で戦った英雄である西郷隆盛は、亡くなってから西郷神社に奉られたり、神格化された人物が書いた文字には、何らかしら神がかったものが宿るとして大切にされたりすることがあります。

吉田松陰や坂本龍馬、大久保利通、勝海舟、山岡鉄舟など、偉人たちの遺した書に念いを馳せる経営者やリーダーが多いのも事実です。

時代は令和になりましたが、明治から昭和の起業家、創業者、経営者、教育者と言われる方々の、時代を変革し、大きく成長させていった手腕に、現代の会社経営者は、ある種の畏敬の念を持つのでしょう。多数の名経営者、教育者の方々の残された足跡や言葉には、絶えず勇気づけられたりするものです。

偉人や経営者が自ら書いた自身の名前や色紙のメッセージ、手紙、企業理念などは、いまだにそれぞれの企業や記念館、時には街の店先などに残っていますが、その歴史的な価値だけでなく、偉大な先人が書いた言霊を手元に置いておきたいという気持ちがあるのも否めません。

元来、言葉や文字には「言霊」という力があったと信心されていたところから、事を成した方々の書かれた手書きのものにも同じように「念い」が込められたものだと解釈し、所有されることもあるでしょう。

現役の経営者の方で書を嗜《たしな》む方も数多《あまた》お見えになります。ご自身で後継者や、世の中へ自身の生きた証を「書」というツールで示そうとされている経営者の方々です。

明治ごろまでは、筆記用具といえば筆が主流ですから、当時の偉人は幼少期より筆で書くことしか行っておらず、必然的に練成する機会が多いため、達筆な方が多数お見えになりました。

しかし、鉛筆、シャープペンシル、ボールペンなど、筆記用具が多様化してくると、当然筆で書く日常が急速に減少していき、書を鍛錬する機会がなくなっていきました。

現在、政治家の方や経営者の方で、熱心に筆を取って練習をされる方が一定数お見えになります。筆で書くということを政治家として、経営者として、一つの教養（＝リベラル・アーツ）として学ばれているのです。

時代をさかのぼっていくと、日本でも役所に勤める際には、試験の評価要素として字が上手でなければ、そもそも採用されなかった時代がありました。中国でも科挙の試験において字が上手いか下手かという評価項目があったのです。字が下手では役人になれない。そうすると嫌でも書を勉強することが必要となったわけです。

「せめて名前だけは筆で上手に書けるようになりたい」と学びに来られる一般の方も多数お見えになります。ぜひ、続けていただき、ご自身の納得いくお名前が書けるようになるまで精進いただきたいと思っていますが、先述したように上手く書くだけが答えではありません。

創業者・創立者の「念い」が宿る手書き

名刺にデザインされたご自身のサインを入れていたり、手書きで書かれた経営理念を記された名刺を時々見かけることがあります。

私も何度かご依頼をいただき、お名前・会社名・企業理念などを揮毫しましたが、それらが印刷された名刺はとてもインパクトがあります。

毎年、たくさんの企業や団体、学校現場などに伺うのですが、創業者や創立者が書かれた言葉が額に入って掲げられているのをよく見かけます。どの作品も素晴らしいものばかりです。

書家のような筆遣いではないものの「念い」が強烈に伝わってくる作品ばかりであることに気づきます。会社や団体を創業、創立した「念い」や「覚悟」が書かれた言葉と文字から強烈に伝わってくるからです。

私は、創業者が他界されても、その創業者が「念い」を込めて書いた書や言葉というものがしっかりと額装されて掲げられ、後世にしっかりと残されているということに意味があると考えます。それは創業者の「念い」が次の経営者、その次の経営者へとアイデンティティとして伝えていくための大切な「モノリス（ここでは石碑的な意味合い）」のようなものだからです。

名刺はセルフブランディングツール

相手に手書きの文字を届けるというのは、何か特別な「念い」というものが伝わります。

私の名刺は右側に余白を設けています。名前・住所・会社名という情報は左側に寄せて、右側はスペースを残しています。

それは、初めてお会いして商談後半になったら、「せっかくのご縁ですから」と言って、そこに相手の好きな言葉を書かせていただくためです。

例えばその方が「志」という言葉が好きであれば、「どんな志のイメージをお持ちですか？」と伺います。

激しく雄々しいイメージであれば次ページ写真左のように書きますし、３００年先まで長く続くことをイメージしていれば写真右のように書きます。

「それは書家が書くのだから価値があるのであって、素人が書いても意味がない」と思われるかもしれません。残念ながらそれはそのとおりかもしれません。

ですが、ここで上手に書くことが決してベストなものではないということをお伝えしたいと思います。

どんな字をもらうかよりも、大切なのは、誰からもらうかです。

そして、先述した「味」のある字が書けると、より味わい深いオンリーワンのものになり得るのです。

では、ここで書道歴など関係なく、今すぐ「味」のある字が書けるようになる、三つのステップをご紹介しましょう。

❶利き手と逆の手で書く
❷逆の書き順で書く
❸逆の向きから線を書く

この三つで「味」のある文字が書けるのです。

■左：雄々しく　　右：末長く

左側の文字は利き手で書き順どおり。右側の文字は利き手とは逆で、書き順も線の引き方も逆にしてみました。いかがでしょうか？　あなたはどちらの字が好きですか？

文字造形のイメージというのは私たち脳の中にあり、再現性を持って書くことで文字として認識されるのですが、自分の利き手とは逆の手を使うと思ったとおりに書けません。この思ったとおりに書けないということが「味」になりやすいのです。

逆に言うと、利き手だと「ちょっとでもよくしよう」という下心が入りがちになります。

これに対して、あえて利き手と逆の手で書くと、純朴で純粋な文字となって、味わいのある

■左：利き手で書き順どおり　　右：利き手とは逆で書き順も逆

表現ができるのです。

ここで、筆記用具として何を選択するかについてもふれておきましょう。

字を書くことに自信がない方にとって、筆ペンは少しハードルが高いように感じるかもしれませんが、筆圧をかけて太さが出せる筆ペンはボールペンよりも表現の幅が広がるため、むしろいい意味でごまかしが効きます。

万年筆であれば、わりと太めのペン先だと、筆圧をかけてアクセントがつけやすいでしょう。ということで、オススメの筆記用具としては、

❶筆ペン　❷太い線が出る万年筆　❸太字のボールペン

という順番で、筆圧をかけた強弱の表現が紙の上に表れてきます。「私は字に自信が持てないんだ」という人にこそ、ぜひ筆ペンを使ってあなた自身をブランディングしてみてもらいたいと思います。

ところで、この名刺に一文字書いてお渡しする際に、私はもう一工夫しています。

相手に印象を強めていただくため、普段から名刺入れの中に香袋という匂い袋を入れています。お渡しする際にほんのりと墨の香りがして、書家であることをさらに印象づけるのです。

墨の香りは「龍脳《りゅうのう》」という香料を固形墨に混ぜて、膠《にかわ》の強い匂いを打ち消していますので、「龍脳」を匂い袋に入れておくと墨の香りが名刺からほのかに漂うようになります。墨の香りで、通常よりも相手に書家との関連性を印象づけることが可能になります。これも一つのセルフブランディングです。

香りには人の感情や記憶を司る大脳辺縁系に直接働きかける効果があり、お香の効果によって、人の行動すら変化させることができるとも言われています。

また、お香には脳の働きを活性化させたり、精神を癒したり、幸福感を与えたりという効果もあります。そういったお香の持つ効果をうまく利用することで、セルフブランディングに役立てられるのです。

名刺の話に戻りましょう。

いきなり「相手の好きな文字を書く」といっても、書いたことがない字はバランスもどう取っていいかわからないので、やはり書けないという「恐怖心」があります。偏《へん》と旁《つくり》で構成されている漢字であれば、ある程度の経験があると、その組み合わせのバランスで表現できますが、それをマスターするには時間がかかります。

そこで、相手の好きな言葉ではなく、自分の好きな言葉を練習しておいてお渡しするのも有効です。

相手の好きな言葉をその場ですぐに書ける自信はなくても、あらかじめ自分の好きな言葉を一つ決めておけば、それを練習して自信を持って書けるのです。

芸能人の方々がサインを練習されるのと一緒で、政治家や経営者の方々も色紙にサインを求められたり、座右の銘の揮毫を求められた際に書けるようにしています。

私の場合は、プレゼンの書籍にサインを求められた際、必ず揮毫する言葉がります。それは

「念いを伝える」

という言葉です。

また「夢」「感謝」という言葉が好きなので、「夢を持ってもらいたい」「何事にも感謝して」という「念い」を込めて書いてお渡しすることもあります。

こういった普遍的な、誰に対しても自分ごととして捉えていただけるような文字を一つ決めておくと、お渡しした際、「あなたの夢は何ですか」という具合にそこから話も広がります。

「書交《しょこう》」はお互いの距離が縮まる「ミニマム・プレゼンテーション」

ビジネスでお互いの理解を深めて、距離も縮まるサプライズギフトがあります。それが

「書交」

です。「書」を交換するという意味ですが、この「書交」はお互いのリレーションシップを高めるためにも有効です。

企業研修で実際によく行うのですが、お互いのことをよく知るために、それぞれが自分のことについて3分ほど話をしてもらいます。具体的には、

・仕事を通してどうなりたいか？
・将来の夢は何か？
・チャレンジしたいことは何か？

などを話します。互いに3分ずつ話したら、その話を聞いた相手を念って漢字を一文字、小さな色紙や名刺の余白に書いて交換し合います。

相手を漢字一文字で表すのはかなり難しいですが、自分のことを念っていただいた文字は、もらうと嬉しいものです。

初めてお会いして、そろそろ打ち合わせも終了するという頃合いに、「せっかくお会いできたご縁ですから、お互いに漢字一文字ずつを送りあって交換しませんか？」と話してみてください。

30分ほどの商談であっても、その人となりや冒頭のつかみの雑談で、出身や名前の由来なども聞いています。お互いの印象も何となく構築できているはずです。足りなければもう少しお話ししてもよいかもしれません。お互いの夢の話やチャレンジしたいことなどです。

「相手にどんな漢字を贈ったら喜んでくれるだろう」ということを想像しながら漢字一文字を選び、先ほどお渡しした自分の名刺に書いて再度お渡しします。

そして、「なぜその文字を選んだのか?」「その文字にはどんな意味が込められているのか?」を説明します。

これで双方とも互いのことを一歩踏み込んで知ることになるのです。

相手のことを「念い」、相手の立場

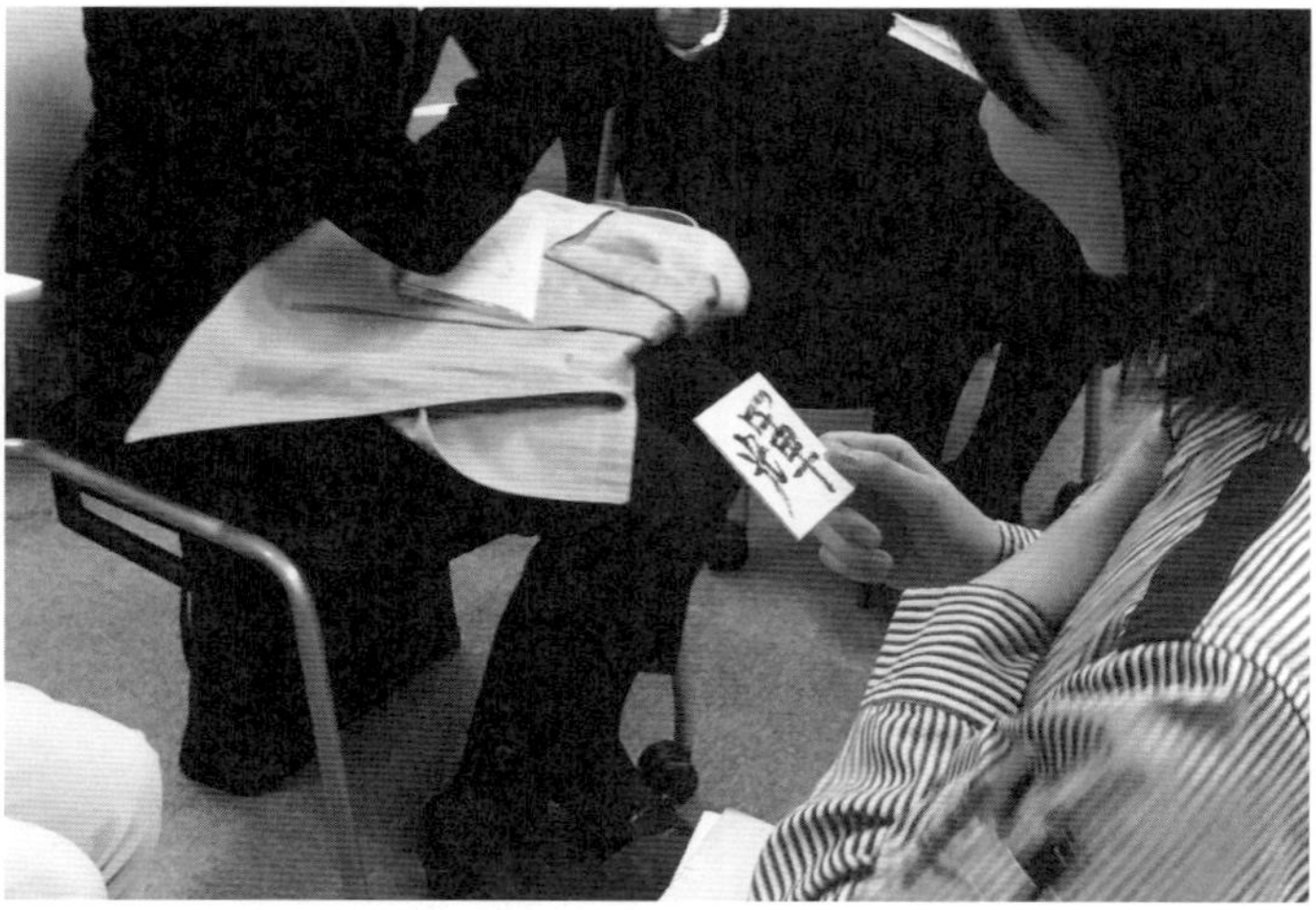

■研修内でお互いに書を交換する「書交」の workshop

に立って、相手がこの言葉をもらったら嬉しいだろうというところまで考えて「書交」となります。これも「ミニマム・プレゼンテーション」です。

この「書交」の際には、相手からもらう文字が上手いか下手かは、全く問題視されません。

互いが互いのことを念って一文字のプレゼントをいただけると嬉しいものです。互いにほんの少しの時間ですが、相手のことを思いやる時間を共有する感覚は、日常ではあまり味わえない温かな時間です。

文字を渡す行為を海外で実践する場合は、「あなたのお名前を漢字で書きますよ」と言ってお渡しすると、すごく喜ばれます。漢字の意味をお伝えして、さらにオンリーワンのお土産としてお持ち帰りいただけるのです。

素敵な日本の文化を手軽にお渡しできる「ミニマム・プレゼンテーション」です。

プレゼンテーションでの手書き効果とは

ここまで、出会った人との個人と個人の関係をいかに印象づけるか、手書き文字を効果的に使うことで、相手の心にふれ、お互いにとっていかに特別なものにできるかという話をしてきました。

ここからは自分と不特定多数、つまり「一対多」の関係における、効果的な自分の見せ方、メッセージの伝えかたという観点を考えてみたいと思います。

プレゼンテーションのように直接対面するものか、新聞広告やウェブサイトのように非対面のコミュニケーションかという区別もありますが、一対一のように深いやりとりができない中で、いかに効果的な打ち出し方ができるかがポイントになります。

これはマテリアル（プレゼン資料や広告表現）に手書き文字を織り込んでいくことに

なるのですが、例えば、会社のメッセージを広く伝えたいケースでは「経営者が自筆で書く文字」というのは非常に説得力があります。「手書き」からはその人の人格、思想観、人柄を感じることができます。

「会社が一部上場しました」という新聞広告を打った際に、代表者のサインが自筆で最後に入っていると、文面そのものはタイピングされた文字であっても、名前の手書きサインがあることで、その人自身が「念い」を語っているように深く伝わります。

これがすべて印字された文字だと、信頼感が醸成されにくかったり、温かみが感じられなかったり、親近感が持てなかったりするのに対して、「手書き」はそれを感じ取ってもらうことが可能です。

企業理念や今期のスローガンなどが手書きになるだけで、社内にもトップの意思や気持ちを浸透させていく度合いが高まります。

「手書き」の中でも特に「筆文字」には迫力や力強さがありますから「ここぞ」という場面でワンポイントで使うとさらなる効果も期待できます。

プレゼンテーションで手書き文字を使ったケース

２０１２年9月19日にソフトバンクアカデミア特別企画として、「孫正義×柳井正（ファーストリテイリング社長）特別対談『志高く』」を開催しました。

この時の対談タイトルである『志高く』を、「ご来場いただいた１５００名の皆様のテンションを一気に高めたい」という「念い」を込めて揮毫し、スライドに取り入れました。

●https://www.softbank.jp/corp/news/sbnews/sbnow/2012/20121015_01/

志高く

また、過去に私が行なったプレゼンテーションで、海外に向けて日本企業の技術力をいかに世界へ広め、日本の中小企業をグローバルへ売り込み、日本を復活させられないか？という「念い」を込めた事業提案を行いました。

そこで、スライドに使用したのが、手書きの「日本復活」です。いかがでしょうか？復活しそうな力強さを感じ取っていただけるでしょうか？

建築家の方とお仕事をしたりすると、イラストやパース（基本設計の段階で施主と設計者がイメージを共有するために建物の外観や室内の空間のイメージが分かりやすいよう

に、立体的に描いた透視図）において、きれいにコンピュータグラフィックで製図されたものより、手書きで書かれたもののほうが、空間の雰囲気や暖かみが伝わります。これも一つの「ミニマム・プレゼンテーション」です。

最近だと、講演や対談、会議の内容を絵でまとめる、「グラフィックレコーディング」があります。

手書きで、あっという間にその時の話の内容や雰囲気などを端的に伝えるものです。これも「ミニマム・プレゼンテーション」。後で見返してもその場の雰囲気が手に取るように伝わってきます。

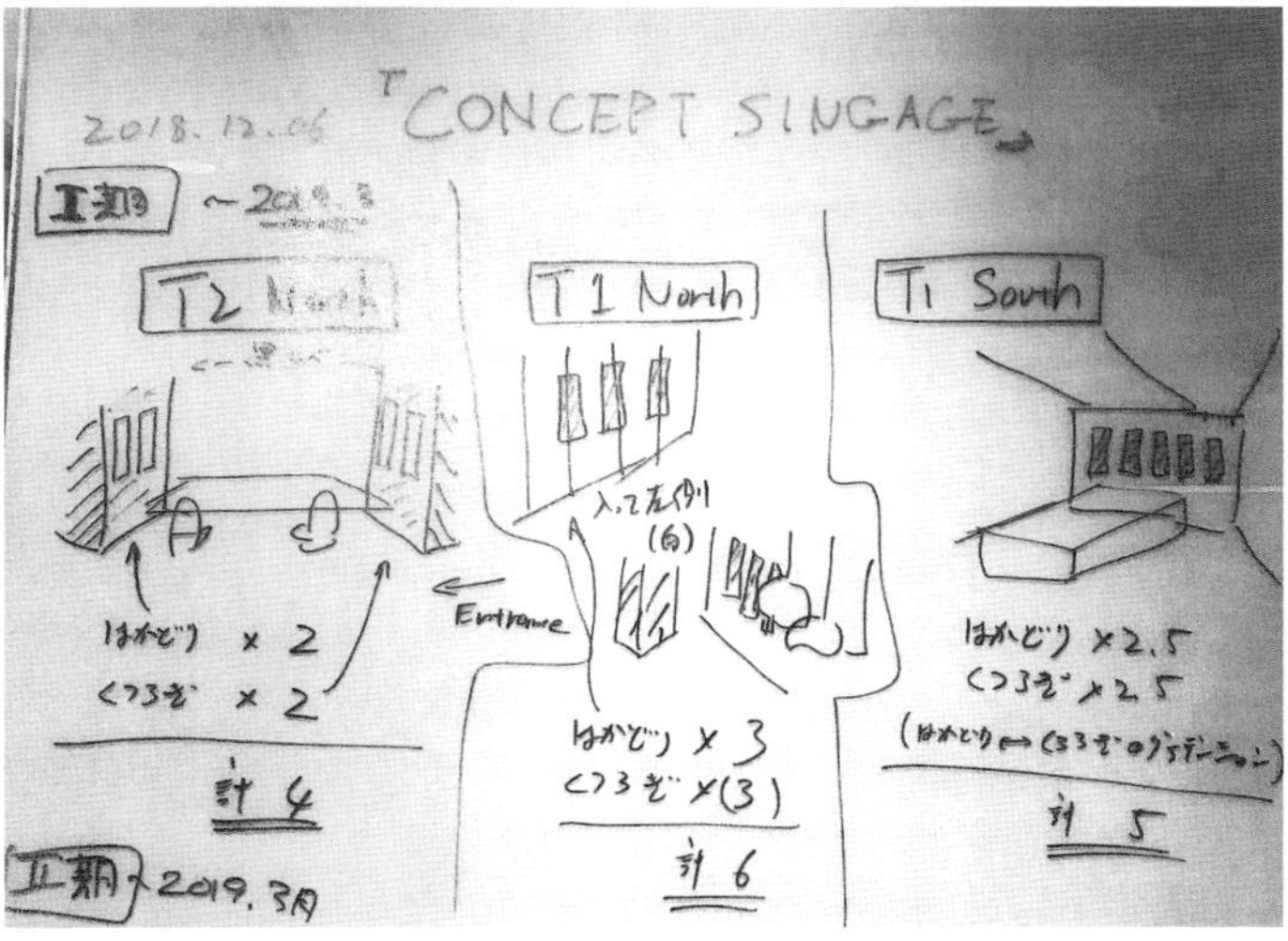

■打ち合わせでのホワイトボードメッセージ。タイトルに込めた「念い」が伝わる

レコーディングされた方の「念い」も登壇者の「念い」と同様に伝わってきます。聞き手と話し手が伝わったことと伝えたかったことが合致しているかどうか？ つまり、伝えたいことが伝わっているかどうかも一目瞭然です。

プレゼンの資料において、タイトル、キーメッセージ、全体の演出など、どういった意図で、どんな効果を狙って、どこに、どのような筆記具を使って「手書き」を挿入するかについての「正解」はありません。さまざまなところで手書きの効果を盛り込むことが可能です。

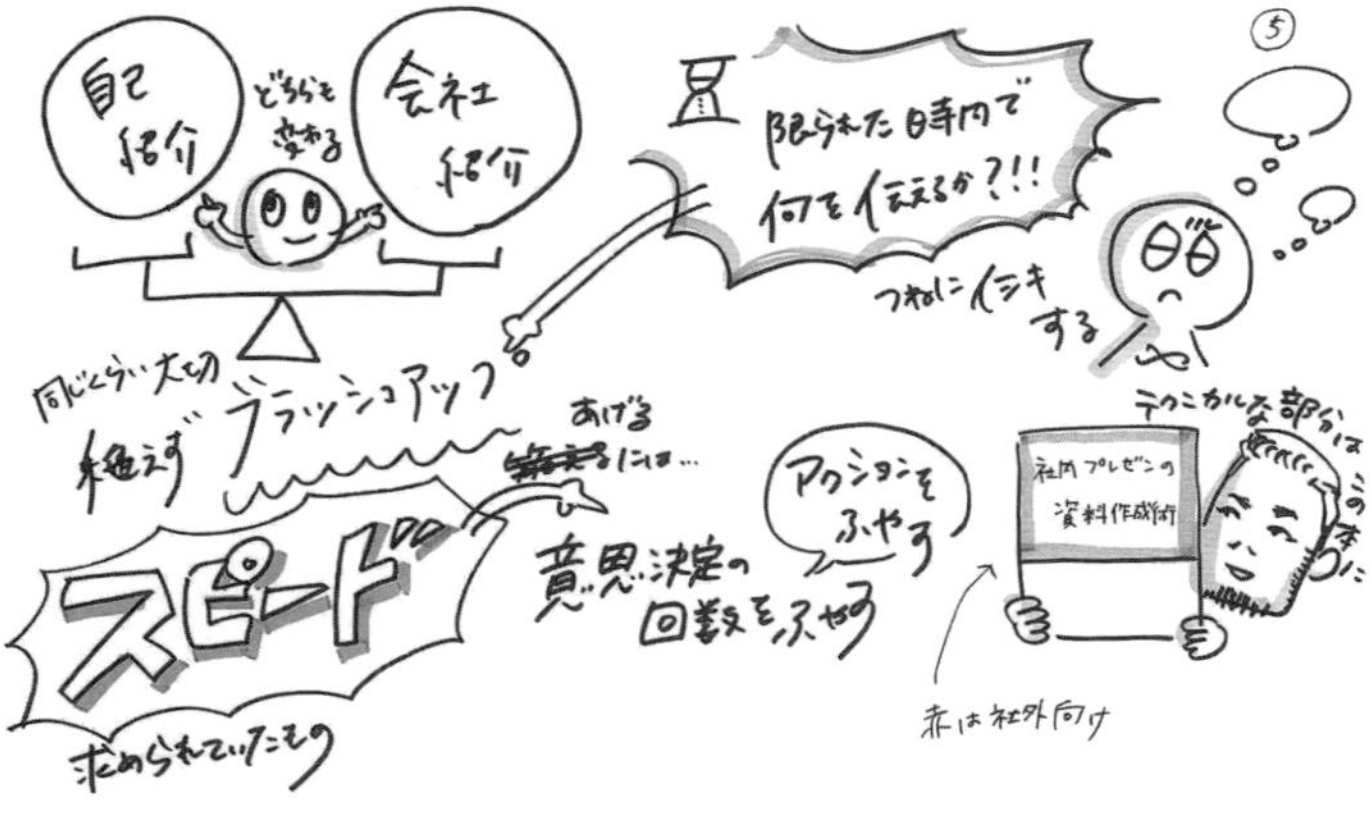

■著者講演会でのグラフィックレコーディングの一部

「念《おも》い」がないプレゼンは響かない

私は過去、ビジネスにおいてさまざまな事業提案をしてきましたが、自分でも上手くいくと確信できたものと、できなかったものの差が明確にありました。それは、ひとことで言うと、「念い」が込められているかどうかでした。

日々の「内観」の積み重ねの中から自分が届けたい念いが徐々に形になっていきます。この本もまさに日々の「内観」の集大成です。

繰り返しますが、**自分が伝えたいこと＝「念い」がないと、どんなにテクニックが注ぎ込まれていても何も伝わらない**のです。

プレゼンテーションでは自分のストーリーだけを伝えても伝わりません。それだけでは相手の心が動きづらいのです。自己紹介がMy story（マイストーリー）だとすると、プレゼンテーションはOur story（アワストーリー）です。つまり、**「私たちは」という主語にしないと、聞く人は「自分ごと」にしづらい**のです。

多くの人に届ける際には「私たちが目指す未来は…」「私たちが直面している課題は…」というように、いかに主語を「私たち」にして「自分ごと」にしてもらえるかを意識した表現を使います。

初対面で自己紹介やプレゼンをする場合、相手との共通項を増やすことが、すごく大事です。例えば、同郷であったりすると話が盛り上がります。同じ学校の先輩後輩も同様です。共通項ができるので、「一緒ですね～」という親近感が作りやすいからです。

私が最初に勤務した会社では「飛び込み営業」をよくやりましたが、その時も、玄関を開けて何かパッと目に入ったものについて話を深掘りしていって、自分と相手の接点を見いだし、「一緒ですね～」という文脈を見つけるのが、最初のアプローチとして有効でした。人間の心理状態において、「この人は安心だ」「安全だ」「信頼できる」と思われないと、なかなか歩み寄りづらく、その後の商談にも発展しません。

つまり、ビジネスシーンでは、「私とあなた」というのは対峙する関係ではなくて、同じ目的を持った仲間であり、お互いの信頼関係と安心感をいかに醸成するかにポイントがあるのです。

信頼を得る上で、相手との距離をいかに縮めていくかが大切になるわけですが、相手の興味関心と自分の伝えたい内容の「接点」を捉えることが有効です。

例えば、営業で訪問した際、その会社で起きている課題を伺います。営業に行くということは、その課題を解決するソリューションを持っていくことですから、「こういうことに困っているから、これを何とかしたい」という時に営業担当者が説明し、ソリューションを用いて課題解決に至ります。

その課題が顕在化していなければ、それを顕在化させるところからアプローチを行います。例えば、

「何かお困りのことはありませんか？」

「別に困ってないけど…」

「そうですか。実は、現在50代社員の方々が、セカンドステージについて悩まれている傾向が顕著に増えてきています。どの企業様でも、次のステージを意識していただくことを考えておりますが、御社は何か取り組みをされていますか？」

「うーん。特にしていないな。確かにちょっと気になっていたんだよね」

「そうでしたか。実は当社でセカンドステージに向けて…」


いかがでしょうか？　やりとりをしていく中で課題が顕在化していくように、普段はあまり意識していないことも多々あったりするのです。そして、このやり取りの先に意思決定する瞬間が訪れます。

ビジネスシーンでも最終的な意思決定というのは、「不信」と「不安」からそれぞれ「不」を取り除き、「信頼」と「安心」を醸成して成り立つものです。「怪しいな」と思ったら、誰も信頼してくれないですし、安心もしてくれません。しかも、限られた時間で信頼と安心を勝ち取れるかが勝負になってきます。

ビジネスシーンでは、五分間でビジネス提案をする場合、**決裁者が何を基準にして、信頼してくれて、安心してくれるかを考える必要がある**のです。

信頼・安心してくれる材料はさまざまです。データ、ロジック、その会社が持っているネームバリュー、規模、過去の評判、他の取引先との成功事例などの要素を知ることによって安心してくれます。そして、その先には**あなた自身が、この仕事の担当者として「どんな念いで仕事に向き合っているのか？」を本能的に見極めています。**

仕事をするのであれば、気持ちよく仕事ができる人と行いたいもの。その気持ちよさはどこに起因するかというと、あなたと仕事をする上での距離です。その距離を縮めるツールこそ、「ミニマム・プレゼンテーション」なのです。

これまで「ミニマム・プレゼンテーション」としてお伝えしてきた名刺交換や自己紹介の本質は、**上手に手書き文字を書くということではなく、限られた時間で「念い」を効果的に相手に伝え、良好な関係を築けるか**ということです。

プレゼンテーションのパートでは、手書きスライドでインパクトを与えたり、他者との差別化が実現できる点、そして図や絵を手書きにすることで、伝わる幅が大きく広がるのも「ミニマム・プレゼンテーション」の特徴であることをお伝えしました。

両者に共通するのは、「手書き」は、より深く「念い」が伝わるということです。

そして、実はこの「念い」の部分というのは、しっかり「内観」（＝自分を見つめて言葉にすること）しなければ研ぎ澄ますことはできません。

そうは言っても日々業務に追われる中で、「内観」する時間がなかなか取れないのが現状ではないでしょうか？

ただ、自分と向き合う時間が取れないまま、思っていることを伝えようとしても聞き手の心には響きません。私もそのようなプレゼンを多数見てきました。

「念い」が込められていないプレゼンテーションは、プレゼンテーションとしては失敗です。

「念い」が伝わる「手書き」

とかく「手書き」という表現は面倒くさいアウトプットです。時間がかかります。だからこそ「内観」することで本当に伝えたい「念い」の強さが増し、「伝える」ことから「伝わる」ことに変わるのです。

それでも、自分の手書きに自信が持てない方もたくさんいると思います。実は文字を書くことに苦手意識があっても、「見せたい自分を表現できる書きぶり」という技術は、それほど鍛錬する必要もなく習得できるのです。

次の第2章でそのテクニックを解説しますが、先にワンポイントだけお伝えすると、お手本のように整った文字になればなるほど「その人」というものは、なかなか伝わってきません。その人らしさが出ている、その人自身の文字のほうが、圧倒的に好感度が高く、効果的なのです。

「手書き」という行為は、とても面倒くさいものです。けれども、面倒くさければ面倒くさいほど、「念い」が深まるものなのです。

さあ、「面倒くさい」を楽しみましょう。

コラム

印象的な手紙

今でも心の支えになっている印象的な手紙があります。私が21歳の頃、突如、顔面神経麻痺になって入院した時、大学の主任教官からいただいたものです。励ましの手紙というより「お前みたいな勉強しないやつは！」とすごく叱られた叱咤激励文でした。

手紙を書かれた小木太法先生は、私と同郷の福井県出身で大変お世話になった方です。先生のご指導で「小字数大書」の作品を揮毫する道を開いていただけました。残念なことに既に他界されましたが、お手紙には先生から私への「念い」を込めていただいた優しさと愛情を読み返すたびに感じます。何百人といる学生の中、私に対して手紙を送ってくれたことは「私一人に時間を使ってくれた」ということで、それがすごく嬉しかったのをいまだに感じます。当時はアルバイトをしながら「書」を書き、学ぶという日々の繰り返し。学生同士で語り合う日もあればハメを外す日もありました。そんな私に、もっと書に向き合えという姿勢を厳しい言葉でいただきました。

　先生のお手紙の文字はとても個性的でした。中川一政のことをよくお話しされていましたが、一政の書風と似たところも垣間見えます。いわゆる一般的に書家の先生が、仮名文字を駆使した流れるようなものではなく、切り刻むような力強い書風が先生そのものを表現されていました。

　先生のお手紙を見るたびに、きれいだから相手に好印象を与えるものでもなく、記憶に残るものでもなく、それ以上に自分のことを気づかってくれたり、寄り添ってくれたりしていただけたことを強く感じられるものだからこそ、心に響くのだと思います。

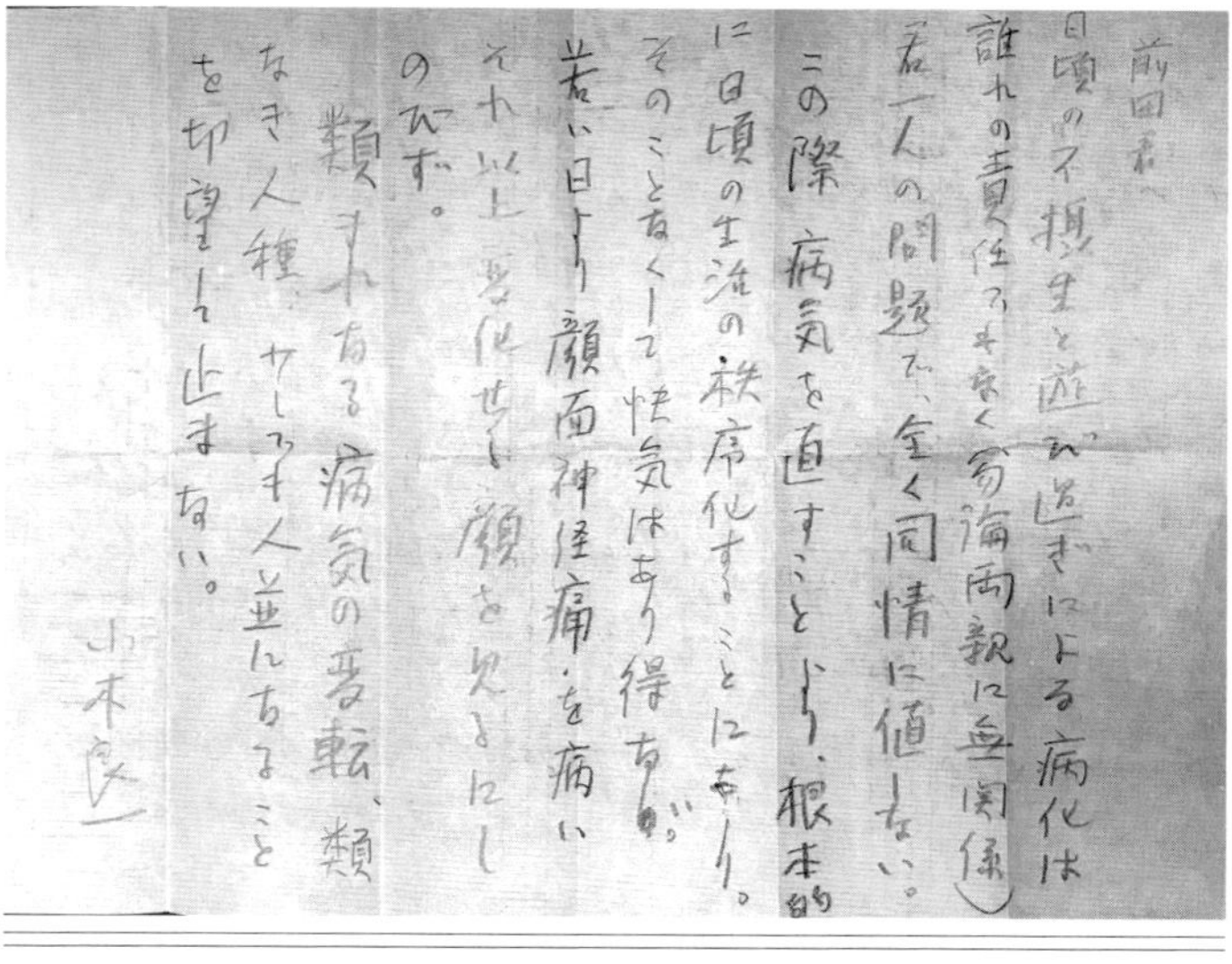

前田君へ
日頃の不摂生と遊び過ぎによる病化は
誰れの責任でもなく勿論両親に無関係
君一人の問題で、全く同情に値しない。
この際病気を直すことより、根本的
に日頃の生活の秩序化することにあり。
そのことなくして快気はあり得ない。
若い日より顔面神経痛を病い
それ以上悪化せし顔を見るにし
のびず。
類まれなる病気の悪転、類
なき人種、少しでも人並にすること
を切望して止まない。
小木良一

第2章 念いを伝える「手書き」と「内観」の方法

あなたはどう見られたいのか？

世の中には「達筆だと思われたい」「字が上手な人に見られたい」というニーズが確かにあります。それは、書店で「書」のコーナーに行くと、かなりの種類、美文字の書籍が出ていることからもうかがえます。

- 苦手を少しでも克服して、大人っぽい字が書けるようになりたい。
- 字が上手に書けたら知的に見られるかしら。
- 手紙を書く時も、芳名録に名前を書く時にも躊躇してしまう。

…などなど。そしてトライしてみるものの、

・なかなか上達していかない。
・どうやっても大人っぽくならない。
・面倒だ。

ということで挫折される方も多数いらっしゃいます。

本書では少しアプローチを変えて、まずは主にビジネスシーンで「自分がどう見られたいのか」ということから考察してみようと思います。

あなたはどんな服が着たいのか？

ビジネスシーンでは、職業や業種によって着る服がかなり異なってきます。

男性は一般的にスーツを着ることが多いでしょうが、業界によってはラフな服装でもOKという職場もあるでしょう。同様に、女性についてもスーツもあればカジュアルなものもあり、職種によって大きく異なります。

また、取引先に伺う時の服装と、オフィスでデスクワークをする時の服装のように、シチュエーションによってその日の服装を変えたりもします。つまり、私たちは時と場所、相手などによって服装を変え、周囲からどのように見られたいかを意識して自分を演出しているのです。

第一印象が重要ですから、それは当然のことです。実直さ、真面目さを演出したいのであれば当然、カチッとした服装を選ぶでしょうし、クリエイティブさを演出したいのであればラフな服装を選ぶかもしれません。つまり、服装を通じて、

あなた自身が相手にどう見られたいのか？

どう見せたいのか？

ということを選んでいるわけです。ここに服装を選ぶ際のセルフブランディングの要素が詰まっているのです。

実はこの要素は、あなたが「どんな字を書くのか」においても同じなのです。

ビジネスシーンにおいては、「雑な字を書く人」≠「信頼感」という印象を与えます。信頼感は「丁寧さ」「正確さ」「迅速さ」で獲得できます。

ですから、走り書きで可読性が低いものを渡すぐらいなら、むしろタイピングしてプリントアウトした書類を渡すか、しっかり楷書体で書いて実直さをアピールすると、相手に対する信頼感が醸成できるでしょう。

また、自分が見られたいイメージとして「優雅な人」「品のある女性」「知的な感じ」というキーワードが上がってくるような場合、「知的な感じに見られる人が書く字とはどんな文字だろう？」と想像してみるのも一つの方法です。

おそらくみなさんが頭に思い描かれるのは「美文字」と言われるような〝整った文字〟つまり、私たちが幼い頃から慣れ親しんでいる教科書に出てくるような文字から、ペン字講座で学ぶような大人っぽい連綿（文字と文字を続けて書く時につなげる線）がイメージとして出てくるのではないでしょうか。

ここで「手書きのハードル」が出てきます。

上手く書けなければ知的に見られない。

そうです。知的に見られよう、優雅に見られようと思うと、それなりに鍛錬を積まなければ、なかなかそのようには見てもらえないのです。ここがファッションと大きく異なる点です。服を着替えれば、そのように見られるというものではないからです。ただ、ファッションと書には共通するものがあります。それは、

「好き」なものと「あなたらしい」ものとは異なる

ということです。もし、あなた自身が「知的に見られたい」「しっかりしていると思われたい」と考えたとしても、周りの人はあなたの「人懐っこさ」や「優しさ」「親しみやすさ」に好感を持っているとしたら、ファッションであれ、手書き文字であれ、「あなたらしさ」は周りが認識しているものと違和感が生じてしまいます。周りの認識と合わせたほうが、しっくりくるのです。

残念ながら〝文字〟というのは、幼い頃から学校で「お手本どおりに書きなさい」という指導を受けてきたばかりに、「お手本と異なるものを書いたら評価されない」という認識がとても強い技芸です。この概念しか持てていないことはとても残念です。

あまり知られていませんが、実際のところ文字はとても多様なもので、あなた自身が伝えたい、表現したいことに合う手書き文字が世の中には存在しているのです。そういった文字を書けるようにするためには、まずはあなた自身がどう見られているのか。これからどう見られたいかを認識するところから始める必要があります。

それを認識してから、いろいろな文字のサンプル（参考となるフォント）をたくさん見て、知ることで、あなた自身の文字感覚を豊かにしていくことが重要なのです。

今の時代なら、インターネットで国立国会図書館の「あの人の直筆」というようなWebサイトを見ることもできます。

●国立国会図書館「あの人の直筆」https://www.ndl.go.jp/jikihitsu/

雑誌でも手書き文字の特集などが組まれることもあり、より多くの方々の手書き文字を知ることができます。

多くの手書きのサンプルから「自分らしさ」を表現できる文字を選択するにあたって、前章で述べたマツコ・デラックスさんの話の例で言うと、「綺麗な字で書きたいか、下手な字でもいいとするか」という単純な二択ではなく、別の要素を組み合わせて自分を知って、表現していくアプローチが望ましいことがわかります。

これまで私たちの手書きの選択肢には「上手」か「下手」かの選択肢しかありませんでした。
当然、下手よりも上手なほうがよいわけですが、その評価軸である場合、「上手」に見てもらうには、次のような選択を取るしかありませんでした。

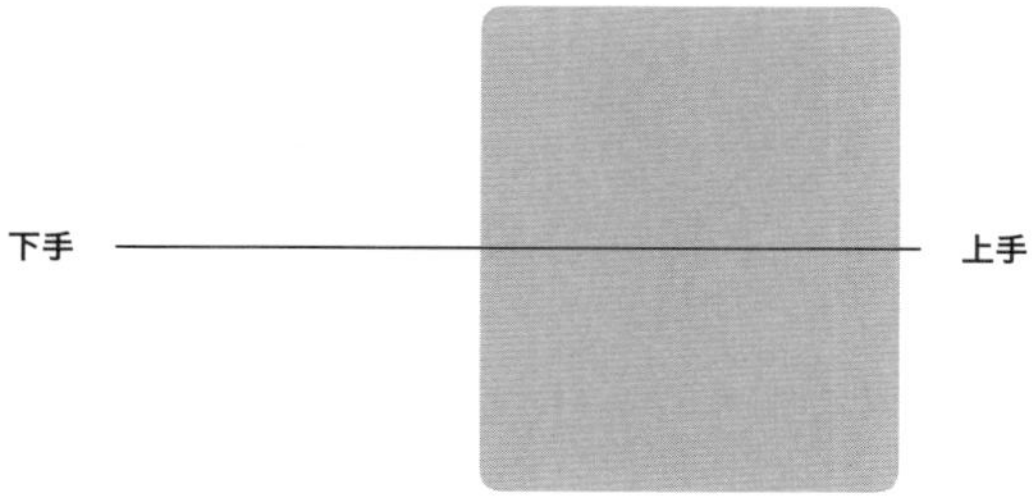

❶練習をして上手に書けるようになる　↓時間がかかる
❷上手な人に頼む　↓相手都合で書いてもらえない場合もある
❸諦めてタイピングで代替する

いかがでしょうか？　❶を選択しても長続きしない方、途中で挫折してきた方も多いのではないでしょうか。❷については、毎度頼むのも気が引けますし、お礼もしなければと何かと気を揉むことになります。

ですので、❸を大半の方は選択されていると思いますが、手書きではないため、「個」が打ち出せず、フォント文字のコモディティ化（同質化）も進んでいるため、他者との差別化は難しい状況です。フォントを変えればよいというのもありますが、微細なフォントの差を見分けるには、受け手や読み手側の素養も試されてしまいます。

では、私たちが、このような手書き文字のジレンマから脱却するには、どうすればよいでしょうか？

その答えは、もう一つの「新しい軸」を持つことです。新しい軸によってこのジレンマを脱出し、新たな「個」の創出へとつながる一歩を皆さんと一緒に踏み出したいと思います。

その軸とは、

「好き」か「嫌い」

かの選択肢です。

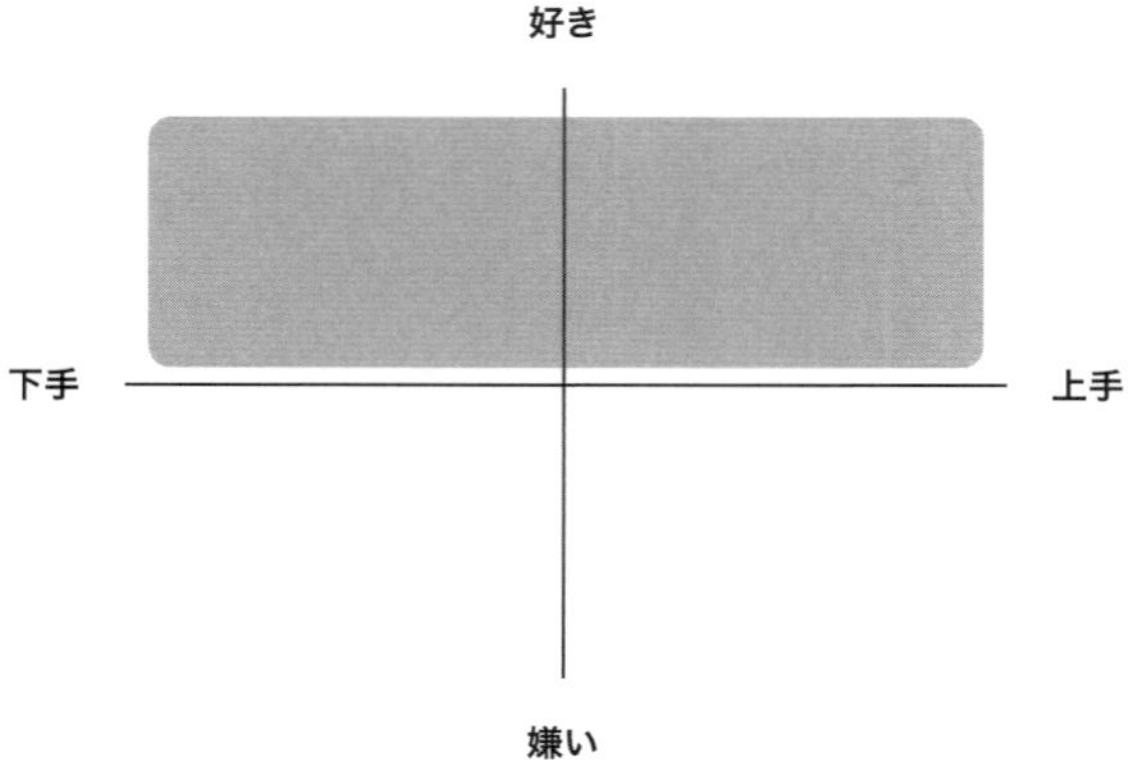

「好き」か「嫌い」か？

これまで、私たちは大半の方が文字を見る時に「上手」か「下手」でしか見てきませんでした。

「この人の字は達筆だな」
「この人は流れるように書かれていて上手いな」
「私もあんなふうに書けたら」

といった感じです。「上手」か「下手」の価値基準しかないと、どうしても「上手」が優先され、それ以外は劣後されてしまいます。

実は、この現象に至るのは「書」や「手書き」と言われる「文字」が介在する技芸だけなのです。これに対して、例えば絵画を見た時に「上手」「下手」よりも先行するのは「好き」か「嫌い」かであったりします。

私たちは日常のあらゆる場所で絵画を目にします。

ホテルのロビー、部屋のインテリア、街中のポスター、病院の待合室など、絵画はたくさん見かける機会があります。

目にする機会が多いというのは、沢山のサンプルが情報として脳に蓄積されていることを意味します。サンプルが多ければ多いほど、自分の中で「好き」か「嫌い」かの判断軸が早期からできあがっていくのです。

「絵のことはよくわからないけれども、私はゴッホが好き」「ピカソの独創的な世界観が好き」「ラッセンのイルカに癒されます」など個々人で好き嫌いが明確です。これはさまざまなサンプルを見てきたからに他ならないのです。

今、列挙した画家の名前を耳にしただけで、実際の絵を見ていなくても、その画家の作品が頭に浮かびませんか？

かたや書の方はどうでしょうか？　サンプルといってもなかなか意識して見る機会はないものです。仮に大きな書道展に行っても、どれもこれも似たような作品がたくさん掲げてあって、

「何がいいのかよくわからない」
「どう見ればいいのかわからない」
「きっと全部上手いのでしょうね」

という感じではないでしょうか？

そもそも書道の展覧会にわざわざ足を運ばれる方など、絵画の展覧会に比べれば限定的です。

そうすると結果的として自分の中に蓄積されたサンプルが少ないため、「好き」「嫌い」の軸が完成しないまま、「上手」「下手」の二元論に踊らされてしまうのです。

もう一つは、「読める」か「読めない」かという「理解」の問題があります。絵画と違って文字の場合、とりわけ漢字は表意文字であるため、文字そのものに意味を宿しています。漢詩や短歌・俳句であればなおさら、その文字を見ると意味を考えてしまいます。

時に、漢字や仮名で書かれている古典を見ると、文字としてかろうじて識別できても、意味がわからなければ、伝わらないものになってしまいます。時代の流れもありますので、どれだけ優れた書の作品であっても、現代の公用語でなければ理解できないものになってしまうと、興味関心は失せてしまうでしょう。意味を持つ以上、左脳で理解して納得したいと思ってしまうのです。

その点、絵画などの芸術は見る者に委ねられ、イメージし、感覚的に右脳で「好き」「嫌い」がジャッジできるものとも言えます。

文字を読むこと、漢詩を読むことは、学ぶことで知識を得て読めるようになります。読めるようになることで先人たちの知恵や、書物や作品を揮毫した人物の「念い」を自分のものにすることもできます。

ただし、これはあくまで漢字文化圏に所属する一部のアジア人に根ざしたものであって、それ以外の海外の方々からすれば文字として認識せずに、デザインとして認識されます。すなわち欧米系の方々は「好き」か「嫌い」かの対象として「書」を見ることが可能なのです。

また、「好き」「嫌い」も、実は複数の変数があり、「好き」が多様化した現代において全員が「好き」なものを探すほうが難しい世の中になってきているのです。

では、文字を「好き」か「嫌い」かの対象として見るにはどうすればよいのでしょうか。今回、手書き文字の具体的な「好き」「嫌い」の軸を持つ上での分類をお示ししたいと思います。

それは四つの象限から構成される「真《しん》」「麗《れい》」「雅《が》」「風《ふう》」です。

四つの個性

私たちが幼い頃にお習字教室や学校教育の中で習ってきた文字というのは、書道の先生のお手本の字や学校の教科書の文字です。

小学校までなら楷書、中学校では楷書・行書、高校で楷書・行書・草書・隷書・仮名といった書体を習われた方もいるでしょう。ただ、見慣れないうちは、どの字が楷書か、行書か、草書かは、よくわからないかもしれません。

自分で好きな字、嫌いな字をみつけようとして注意を払ったとしましょう。

最初の頃は何となくの雰囲気で「好き」「嫌い」と判断しますが、いろいろなものを見たり書いたりしていくと「好き」が何となくわかってきます。

誰かにオススメされたものが好きになることもあります。時には、「好き」だったけど「嫌い」になったとか、逆も然りで、行ったり来たりすることも起こり得ます。

時間が経てば、その時その時で好みが変わるように、結果どの書体であっても、自分の好みのものがそれぞれの象限の中にできてくれば本物です。

では、具体的に四つの象限を見ていきましょう。こちらの四象限は私が独自に定めた分類となり、数多《あまた》ある書を大きく四つに大別して自分の「好き」を探すための一つの指標となります。

軸は、縦に「益荒男的（ますらをてき）」と「手弱女的（たおやめてき）」で分類しています。「益荒

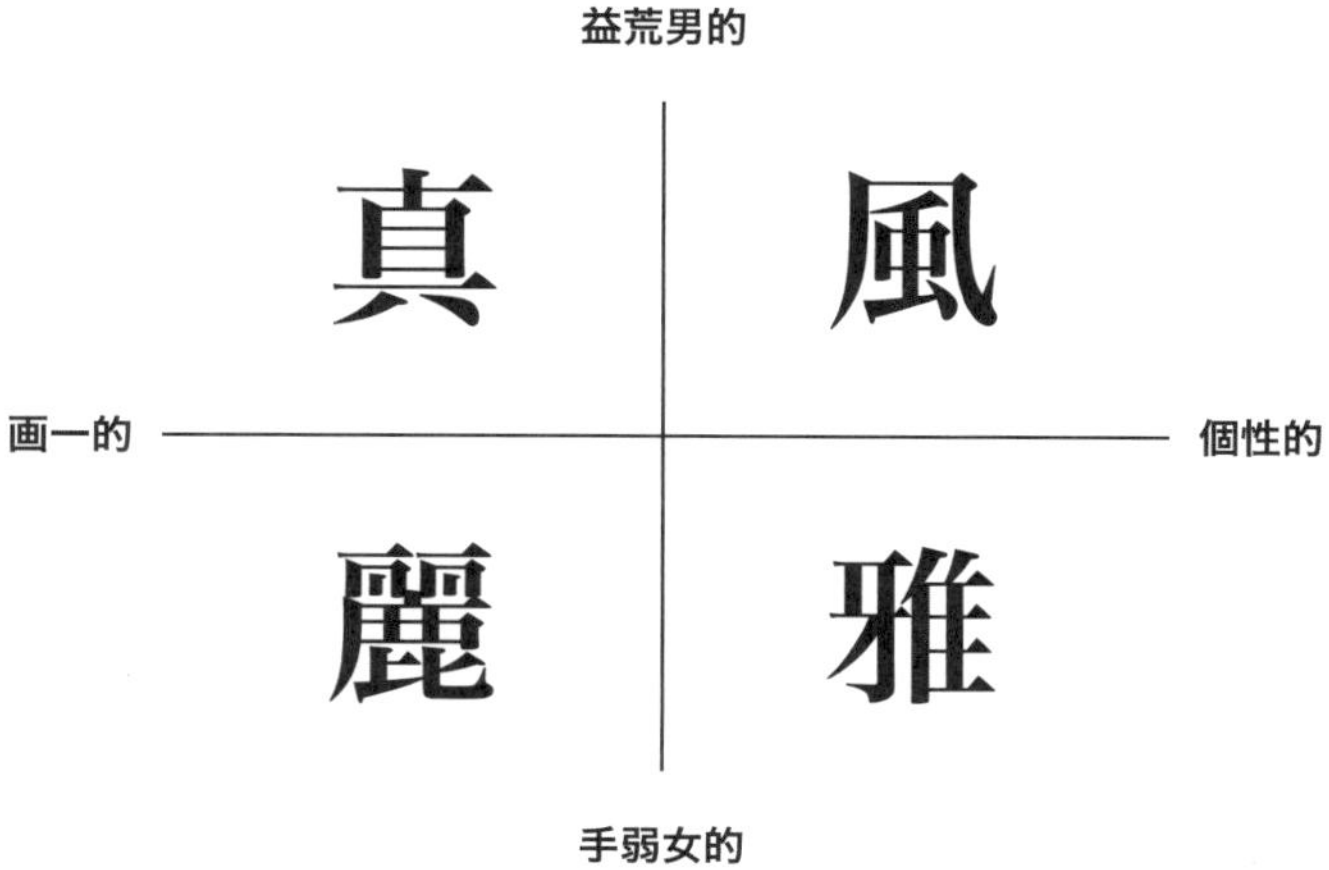

男的」は男性的な力強いという意味合いがあります。反して「手弱女的」は女性らしくやさしいという意味合いです。

そして横軸は、「画一的」と「個性的」で分類しています。「画一的」は一般的に誰が見ても一様であることを示します。それとは逆に「個性的」はあまり例のない独創的なものを指しています。

では、具体的に各象限を見てみましょう。

正統派な書風「真（しん）」

「真」は楷書に該当するものになります。

実直さ、真面目さが伝わってくるものはこの「真」の象限に該当します。

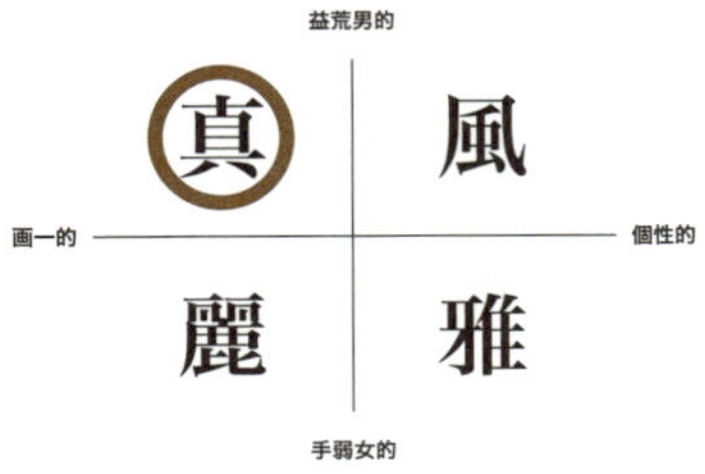

画一的なものであり、学校の教科書のフォントなどもこれに分類されます。一部隷書もこの分類に属してくるものになります。

流れがある書風「麗（れい）」

「麗」は行書や草書に該当するものになります。流れがあり、線の緩急なども見どころです。

達筆とされるのは、この「麗」に属する方のお手紙などが該当します。

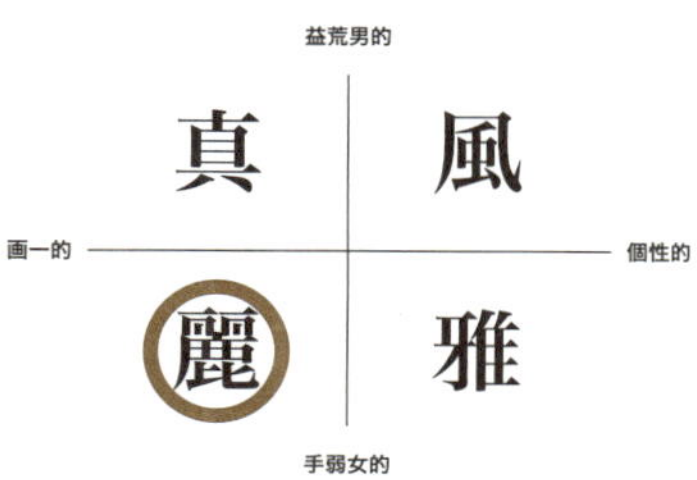

繊細で女性らしい書風「雅」（が）

「雅」は行書・草書・仮名に該当するものになります。

繊細、かつ雅やかに女性らしさが際立つような細い線質や優しいタッチだったりします。

圧倒的な個性が出る書風「風」（ふう）

「風」はオリジナルで独特な書風。まさに風流なものになります。

オリジナリティを持って個性を最大限に表現できるかがポイントです。

いかがでしょうか？

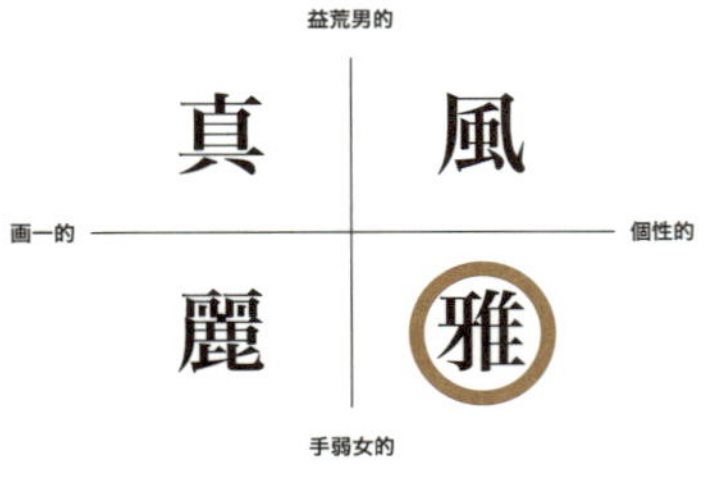

私たちが日常でふれる文字や、街を歩いている時に目にする看板がどの象限に入るかを意識しながら見ていくと楽しくなってきます。

書道のワークショップで生徒さんたちにお店の看板をいくつか写真で撮ってきていただき、約200種類の看板を分類したことがあります。

結果は「風」の象限の書が最も多かったのです。それくらいユニークな書、個性的な書に街を歩くと出会えます。

また、高級なお店では「雅」の分類が多くなります。

このように、どういう書風であるとどういったお店なのか、を想起させやすい傾向が見えてきて面白いワークショップでした。

私たちがサンプルを増やす方法として、街中の看板を意識して見る方法はお手軽でかつ非常に有効です。

何となく視界に入って来るものではなく、「あ、ここに書かれている文字好きだな」とか、「この雰囲気が好きだな」というように意識するだけであっという間に文字のサンプルが増えていきます。これは、いわゆる「カラーバス効果（特定の事象を意識すると、無意識に関連情報が自分の元に集まる現象）」と言われるものです。文字に対して興味を少し持ってみる。どうですか？ 看板の見方が少し変わる予感がしませんか？

こうしてサンプルが集まってきたら、次に「好き嫌いの軸を持つ」というステップに移りましょう。

まずは、自分の直感で、好きか嫌いかで振り分けていきます。もちろん、「好き」と「嫌い」にどの象限のものが分類されるかは個人によって違いますし、違っていて当然です。大切なのは、分類しながら、

「なぜこのフォントが好きなんだろう？」

「線の太さ？　細さ？」

「余白の広さ？　狭さ？」

「均整のとれた形？　独特な形？」

「自分でも書けそうだから？　書けなさそうだから？」

「面白そうだから？　素朴だから？」

「かすれているから？　潤って黒々としているから？」

「見たことがないような造形だから？　見慣れていて安心するから？」


というように、なぜ好きなのか？　なぜ嫌いなのか？　を分析してみましょう。このプロセスが「内観」です。

答えは検索してもどこにも出てきません。あなたの今まで生きてきた人生の価値観に大きく左右されます。

今までの人生で好きなもの、好きな出来事、好きな匂い、好きな形、好きな出会いなど、あなたにまつわる「好き」に由来しているはず。「嫌い」も同様です。

文字の「好き」「嫌い」は、あなた自身を構成している「好き」「嫌い」をベースとして表出してくるのです。

新たな選択肢

今となっては日本の識字率は99・0%となっており（2002年調査・The World Factbook CENTRAL INTELLIGENCE AGENCY https://www.cia.gov/library/publications/the-world-factbook/）、手書きの文字は、ほぼ誰もが使える能力となっています。

スマホの普及で文字を書く機会が少なくなりつつありますが、ハレの日には手書き（芳名録への記帳や役所への届出のサイン、契約書へのサインなど）で書く機会はありますし、これから先も日本の文化として、このような書く機会は残っていくでしょう。

むしろこういった、一見面倒くさいことに対して、これからは付加価値が出てきます。現在では口頭で話せば文字として変換されるようになってきましたが、これからテクノロジーの進化で、さらに脳で考えたことが変換されて表記される世の中になっていくかもしれません。そんな世界で手書きが無意味なものになるかというと、むしろ、それが教養（リベラルアーツ）となる世界になるかもしれません。

ケの日に当たる日常においても手書きは介在しています。ホワイトボードに文字を書く、手帳に書き込む、付箋にメモをする、電話をしながらメモを取る、書籍に書き込む、日記を書くなどです。

この日常の手書きを分類すると、

❶人に見られる文字
❷自分しか見ない文字

と二つに大別されます。❶については相手が介在するものですので「上手に見られたい」「下手に思われたくない」といった人の目が気になりますが、❷については気になりません。自分さえわかればよいというものです。

したがって、❶に求められるものと、❷に求められるものは、同じ手書きであって

も異なるのです。つまり、

・相手が読めるかどうか
・自分がわかるかどうか

この要素さえ満たせば、手書きは成り立ちます。さらに「上手である」という付加価値をつけたいと思うものです。

ここで、手書きに自信がない方には、「新たな選択肢」が有効です。それは、

自分が好きな字を書く

この選択肢は簡単なように見えて、実は奥が深いものです。仮に、自分の好きな書風が見つかったとします。でも、いざ文字を書こうとした時、すぐ自分の好みどおりに、すべての文字が書けるわけではないことに気づくのです。

ここで、もう一度絵画の話に戻りますが、絵画はサンプルが多いため、好き嫌いを選ぶステップはすでにクリアしています。

ところが、絵画の場合、日常において絵を描くという行為が、それを職業となしている人を除いては介在しているわけではないため、好きな絵を自分で書いて再現するというアプローチや鍛錬を行う必要はありません。

ですが、手書き文字の場合は、絵画と異なり、日常的にその機会が介在しているため、自ずと再現性を求められます。

すなわち「好き」が見つかってから、その「好き」を自分のものとして表現できるようにする必要があるわけです。

「それでは、美しい文字を練習するのと一緒ではないか？」

と思われるかもしれませんが、ここにおいて自分が「他者からどう見られることを望むか」でゴール設定が異なるのです。

画一的に上手さを求めるには、誰が見ても一様に「上手」であることを強いられるわけですから、道のりは意外と遠いものです。

それとは異なり、個性的なものを求める場合は、画一的なゴールなど存在していないのです。この違いは鍛錬を積む上でも大きく異なります。

さあ、あなたはどんな書風を選びますか？

好きな文字を探す旅へ

では、いよいよあなたの「好き」を探す旅に出かけてみたいと思います。

闇雲に街を歩いて看板を見てもいいのですが、どの街を歩いてもユニークな看板に出会えるわけではないのです。チェーン店の看板は同じフォントで書かれていますし、どの県のロードサイドも同じ系列の店舗が並んでいますから、本書では個性的な文字が連なる街をご紹介したいと思います。

私の書道塾の「継未《つぐみ》」ではフィールドワークと称して生徒さんたちと街を歩きながら看板を見て「好き」を探すことを行います。今回はその一例をご紹介します。

文字を探す旅「銀座」

銀座は1877年頃に銀座煉瓦街としてスタートしていきますが、1923年の関東大震災で街が一度リセットされます。

その後、東京大空襲を経て、東京オリンピックの際にインフラが整備され、みゆき族、マクドナルド1号店、歩行者天国、そして、現在のブランドショッピング街へと変遷していきました。

そして銀座にはその時代の著名人たちがさまざまな足跡を残しています。

フィールドワークは、当時、著名人によって書かれた看板などが現在も掲げられている店舗を中心に、銀座4丁目~8丁目を約1時間かけて見て回るものです。

以下は、2019年の現在のもので、街の移り変わりによってはこれから先、見られなくなる看板もあることをご容赦ください。

銀座の6看板

・東京鳩居堂　銀座本店：銀座5－7－4
・しゃぶせん銀座2階店：銀座5－8－20
・ぎんざ寿し幸：銀座7－7－14
・ぎんざ古窯：銀座7－6－11
・銀座木村家（銀座本店）：銀座4－5－7
・月光荘画材店：銀座8－7－2

鳩居堂

鳩居堂ビル側面上部にある「鳩居堂」の書は包装紙にも使用されており、神奈川県平塚出身の書家である田中真洲《しんしゅう》の書。

ビル正面の入口上部にある隷書体の「鳩居堂」の文字は作者不明です。

しゃぶせん

店舗正面に設置されている「しゃぶせん」の看板は重要無形文化財「型絵染」の人間国宝で有名な芹沢《せりざわ》銈介《けいすけ》の作品。

オリジナリティあふれる作品群を生み出したほか、本の装丁など商業デザインも手がけ、また、その選美眼で世界各地の民芸品を蒐集しました。

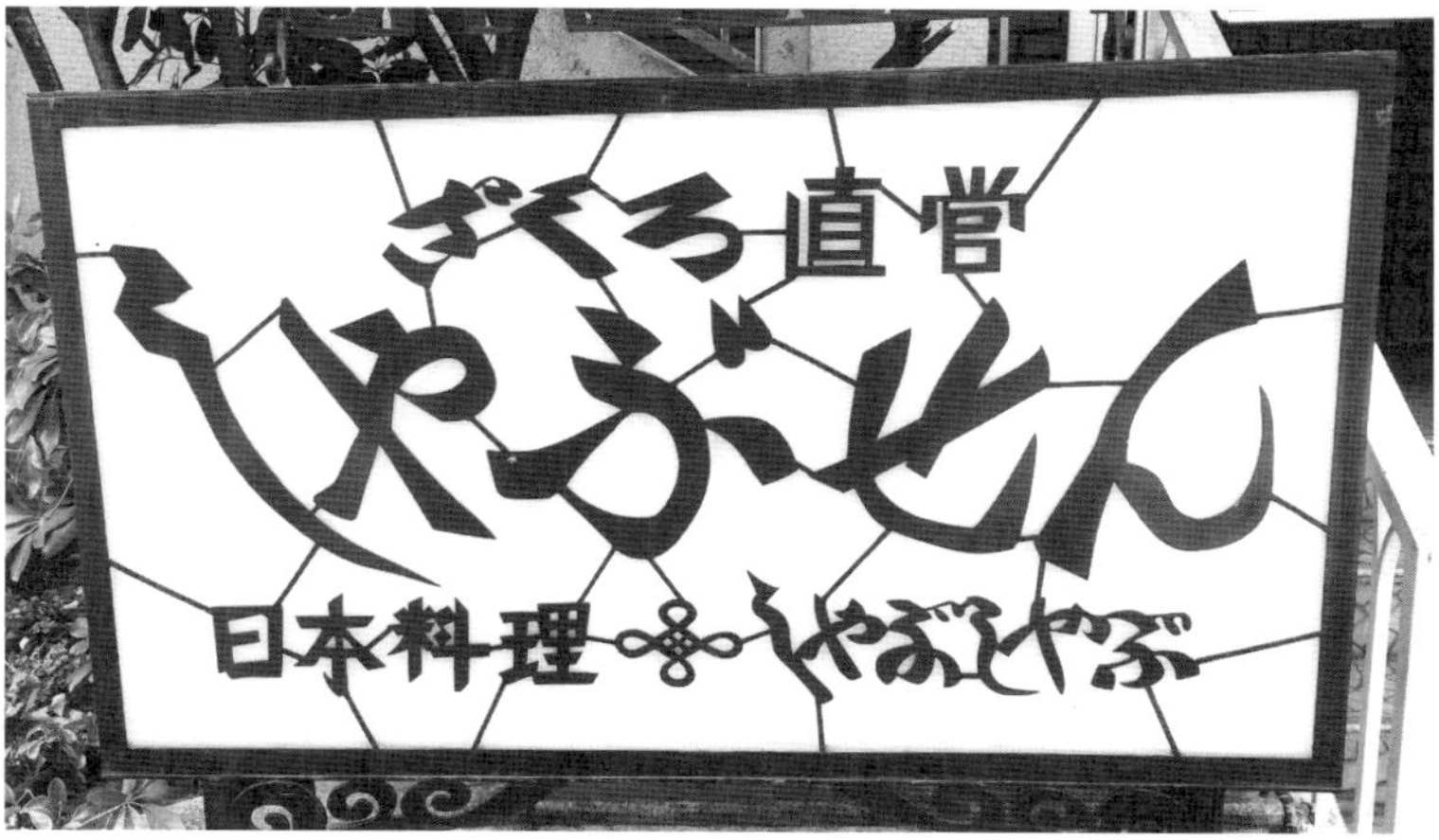

寿し幸

ビル正面に設置されている看板「寿し幸」は勅使河原蒼風《てしがはらそうふう》の書。いけばな草月流の創始者で「花のピカソ」と呼ばれた方だけあって、豪快かつアバンギャルドな万葉の野性味溢れる書です。

古窯（こよう）

ビル看板に設置されている篆刻《てんこく》の看板「古窯」は篆刻家初の文化勲章受賞者である小林斗盦《とあん》の篆刻作品です。

篆刻を看板にしている店舗はあまりない

ため貴重なものです。

「古窯」は山形県上山市葉山にある旅館で、1982年に銀座に進出しました。

木村家

木村家正面のガラスに映る看板、店舗内の暖簾は一刀正伝無刀流の開祖である山岡《やまおか》鉄舟《てっしゅう》の書。幕末の三舟（勝海舟、高橋泥舟）の一人で江戸無血開城に大きく寄与。木村家とは初代 木村安兵衛と剣術仲間であり、明治天皇に仕えた際、木村家のあんぱんを推挙したとされています。

その書は豪快で力強く墨跡（禅宗僧侶の揮

毫したもの）に通ずるものがあります。ちなみに、銀座は直営店であるため「木村家」の看板を掲げていますが、直営店以外の店舗は卸売りをしているため「木村屋」の看板を掲げています。

月光荘

ビル正面に設置されている「月光荘」の看板は、歌人である与謝野晶子の書です。処女歌集「みだれ髪」を出版し、その後与謝野鉄幹と結婚。12人の子どもを出産しながらも、歌人としての人生を歩み続けました。月光荘は画材店で大正六年（1917年）の創業で、創業者・橋本兵蔵氏のために、懇意にしていた与謝野晶子から「大空の月の中より君来しや　ひるも光りぬ夜も光りぬ」という和歌とともに贈られたものです。

いかがでしょうか？　1時間ほどでたくさんの個性的な、それでいて聞いたことがある著名な方の看板が、そこかしこにあるのが銀座の魅力です。

生徒10人ぐらいでグルッと回って、木村家でアンパンを食べながら、「この『木村家』というのは山岡鉄舟が書いた文字で、山岡鉄舟というのはこういう人で…」というような話をしながら、その人となりを学んで回るのです。歩きながら別の気になる看板があったらお店に入って誰が書いたものかを聞いたりします。

1時間ぐらいかけて回るだけで、みなさん看板を意識して見られるようになります。「自分が好きな文字ってどういう看板の文字かな」というような、意識の変化が起きると、後は自然に自分で好きな文字をサンプルとして探すようになるのです。

好きの先の「オリジナル」という領域

自分の「好き」「嫌い」ができると、「自分の好きな字を書こう」というマインドに変わります。それとは逆に、「いろいろあるのはわかったけれど、もっと上手くなりたい。好きな字もかけるようになりたいけれど、上手くもなりたい」という意識も芽生えてきます。

「やっぱり自分の字は嫌いだから、字が上手くなりたい」と思って教室に書を習いに来られる方もいらっしゃいます。

上手くなりたいと思って来られた方に「別に上手くならなくてもいいのですよ」「好きな字を書けばいいのですよ」というのは少し乱暴な話です。

書道のお教室に来られる方は、正しく矯正したいと思っている方が圧倒的に多いのが実際のところです。「私は別にこのままでいいんだ」という方は、最初からお教室には来ないものです。したがって、お教室に来られる方は、先生のお手本をベースにして書を習われます。

習い始めて数年経つと、ある程度書けるようになります。この時点で、当初の目的は果たせていますから十分なはずですが、さらにその先を見る方が時折お見えになります。その方々はみなさん共通した疑問を持たれます。

「先生のお手本どおりにしか書けない」
「お手本がないと何も書けない」
「自分が書きたいのはこの字だったんだろうか？」

これまでの書道会においては先生のお手本どおり書くことを求められてきましたし、そうすることにより、展覧会などで入賞することが一つのゴールになっていました。

ですが、その弊害は２０１３年10月30日の朝日新聞で日展書道の不正審査が取り上げられたことで多くの人が知るところとなります。１９７０年代からそのような体制であったと記事にも取り上げられ、一時期、日展書道の信頼は失墜しました。お手本どおりに書けることがゴールではないという考えが多くの方々の共通認識になっていったのです。


先ほどの疑問を持たれた生徒はその答えを古典に求めます。

中国の古典、日本の古典を紐解き、さらに多くの書の作品を見たり、書以外の芸術の領域を見て「自分らしさ」を探す旅に出ていきます。

先生が書くお手本の字から一歩踏み出すこと。オリジナリティを出すということ。つまり「あなたらしさ」を出す領域になっていくわけです。

「好き」の先にある「オリジナル」という領域。

実は、この領域は誰でも踏み出せるのです。一歩踏み出してこそ、書や手書きの楽しみが実感できるようになっていきます。

先人たちはどうやってオリジナルを作り上げたのか？

オリジナルということで言えば、書の世界で面白いエピソードがあります。明治期の書家で、日下部鳴鶴《くさかべめいかく》（1838〜1922）という人がいます。明治の三筆の一人で中林梧竹《ごちく》、巌谷一六《いわやいちろく》と共に近代書道の確立者の一人です。「近代書道の父」とも称される書家ですが、私も師匠である杉本長雲《ちょううん》から津金寉仙《つがねかくせん》—松本芳翠《ほうすい》—日下部鳴鶴と遡ると鳴鶴に至ります。日下部鳴鶴の門下生は3000人もいたと言われていますから、ある意味、現代日本の書家は遡れば日下部鳴鶴に辿り着くことが多いのも事実です。

明治に至るまでは御家流《おいえ》という書風が日本の主流でしたが、明治維新に伴い、欧米文化が日本に流れ込んできて文明開化が叫ばれる中、書家たちは書の本場である中国にその本流を求めて出ていきました。そこで六朝書《りくちょうしょ》というものに出会い、それまでの日本になかった「新しい」と当時の日本人から思われる書風が一世を風靡するようになるのです。

六朝書とは、中国で呉の滅亡（２８０年）から東晋の成立（３１７年）までの時代を六朝時代と言いますが、その時代に用いられた六朝文化の文字にあたるものです。

そのため、温故知新的な意味合いであって、新しいというよりも日本ではフォーカスされていなかったところにいち早く目をつけた明治の三筆たちが、日本では目新しいと思われるような「個」を、彼ら自身の「好き」として位置づけ、自分の書風にしていったという解釈が近しいと思います。

これはある意味、現代のソフトバンクが米国でいち早くインターネットの胎動を察知して日本にＹａｈｏｏ！Ｊａｐａｎを持ち込んで先行者利益を得たような「タイムマシン経営」にも通じるものです。

さらに、鳴鶴の弟子で比田井天来《ひだいてんらい》（１８７２～１９３９）という書家がいます。

天来は日下部鳴鶴に師事したのですが、鳴鶴の書をさらに一歩進めて、古碑法帖《こひほうじょう》（古い石碑に刻まれた文字を冊子状にしたもの）を研究し、新しい解釈をもたらした書家で、「現代書道の父」と言われています。

天来のエピソードで面白いのが、鳴鶴の弟子となったにも関わらず、鳴鶴が書いたお手本を一度も練習したことがないということです。そして、鳴鶴はそれを容認したそうです。

この頃の書家の気概を感じるエピソードですが、いかにその書家の「オリジナル」や「好き」を認めたかという鳴鶴の胆力と懐の深さが感じられます。

さらに素晴らしいのは、その「念い」を鳴鶴から引き継いだ天来が、同じように天来の弟子たちにもそれぞれの「オリジナル」や「好き」を認めていくのです。

天来の門下生には、近代詩文書を提唱した金子鴎亭《おうてい》（1906～2001）、小字数《しょうじすう》書《しょ》を提唱した手島右卿《てしまゆうけい》（1901～1982）、前衛書を提唱した上田桑鳩《そうきゅう》（1899～1968）という、それまでにはない「個」がキラ星のごとく溢れ出てきました。それは、「個」を認めるという鳴鶴から天来へと引き継がれたアプローチだったと考えます。

先人の書家たちは「個」、「オリジナル」を導き出すアプローチとして

・中国の古典
・表現の目新しさ
・異種文化との融合

などの模索をしながら確立していったのですが、その根底は自分の「好き」と向き合い、「なぜそれが好きなのか？」という「内観」を行なったことにあります。

現代であれば、たくさんのサンプルを見る題材として看板やインターネットで検索をするなど、あらゆる情報を手に入れることができます。おそらく、明治期の書家が現代にいたとしたら今とは全く異なる書風を確立したかもしれません。

いずれにしろ、明治期から書家たちがやってきた流れを、私たちはもっと身近に、もっと手軽に、もっと敷居を下げて実施できるフィールドがあるわけです。

そして内観の世界へ

では、私たちが「好き」であったり「オリジナル」＝「個」を持つために一番大切なことは何でしょうか？

何度もお伝えしているとおり、それには自分と向き合うというプロセス＝「内観」が必要になってきます。

ところが、この「内観」は人によっては少々苦しいものかもしれません。現代の私たちはわからないことがあれば検索して答えを求めます。ビジネスの現場においても課題が発生したら、その解決方法を上司に聞くことと一緒です。

要は、自分で考えないのです。この「内観」ではどこに答えがあるかというと、自分にしかありません。しかも自分で考えない限りはその答えすら見つからないのです。

自分で考えて、時には考えたことを第三者に話して、他者との違いから、さらに自分の考えを練り上げていく。時には書籍を読みながら、その著者と対話をすることで自分の考えと向き合う。このように壁打ちをしながら「内観」していくのです。

ただ単純に「好き」という直感的思考から「〇〇だから好き」という自分に「なぜ？」の問いを立ててグレードアップしていく「内観」。

そしてその先に、いよいよあなたの「念い」を伝える「ミニマム・プレゼンテーション」が待っているのです。

スイスの少女の「ミニマム・プレゼンテーション」

私が体験したエピソードを紹介しましょう。

２０１７年にスイスのチューリッヒで書のライブパフォーマンスを行った時のことです。チューリッヒにある禅道場から禅宗が欧州に伝わって50年という節目の年に招待され、般若心経の揮毫パフォーマンスを行いました。

書き上げるのにトータル40分ほどかかるパフォーマンスです。たくさんお越しいただいた方々の中に、9歳の女の子がいました。長時間のパフォーマンスが終わるや否や、その女の子が駆け寄ってきて「Amazing! Amazing!」とずっと話しかけてくれたのです。私も嬉しくて「ありがとう」をたくさん伝えました。

その後、その子は書き終わった般若心経の作品の前で一人でずっと佇んでいました。その大きく見開いた瞳がとても印象的でした。

その日の夜、その子のお母さんから主催者である禅道場の方にメールが届き、すぐさま私に転送されました。そのメールには次のようなことが書かれていました。

「今日のパフォーマンスを見た後、家に帰ってから娘がずっと部屋にこもりっきりでした。ご飯の時間になっても降りてこないので、呼びに行ったのですが、何と部屋で作品を書いていたのです」

というメッセージと写真が送られてきたのです。その子は日本語もわからず、漢字も読めず、書の心得もなく、書への素養もない女の子です。

その子が私のライブパフォーマンスを見て何かしら彼女の中の「好き」な部分にふれたのだと思います。彼女はご飯も食べずにただひたすら黒板に向き合って、「彼女の般若心

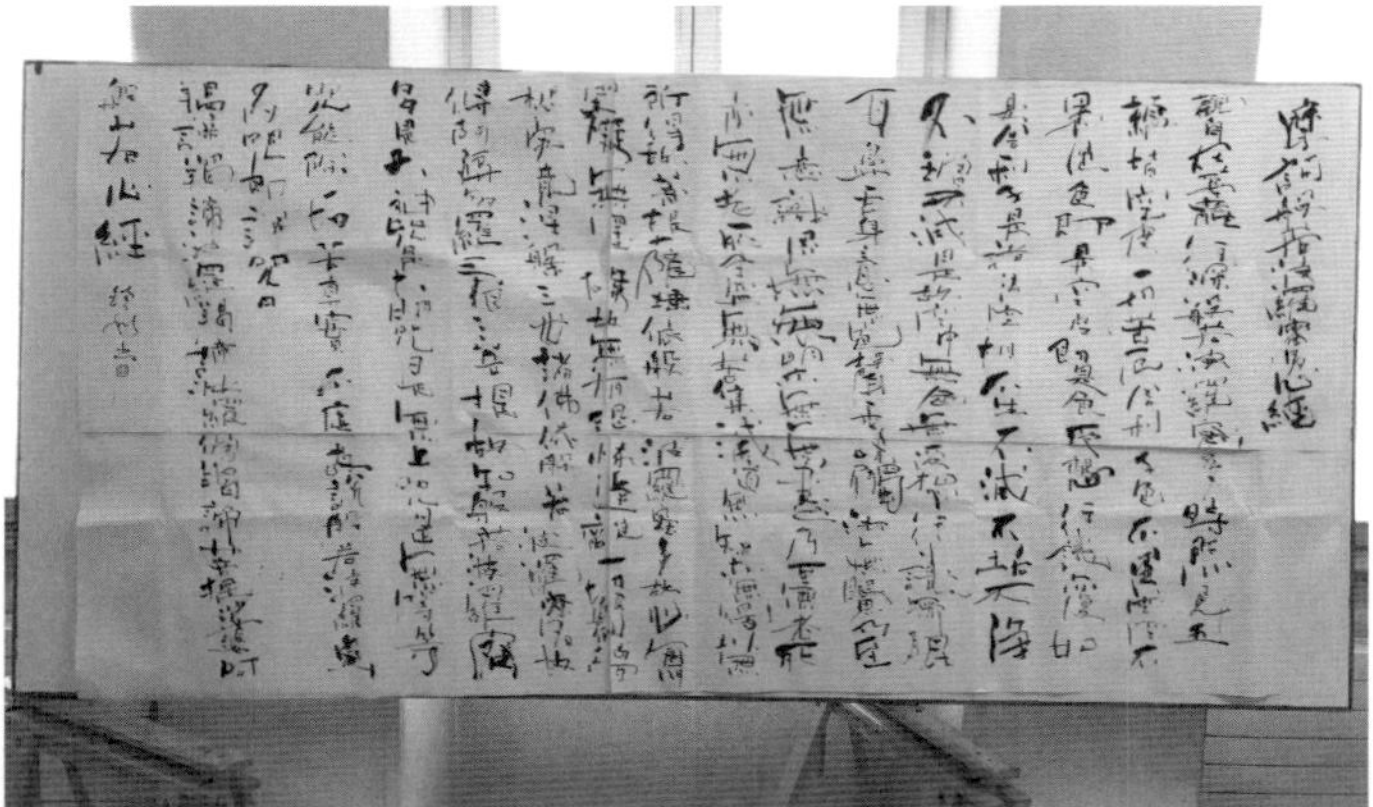

経」を書いたのです。

私は写真を見てすぐさま「Amazing!」とメールを送りました。

彼女が書いたのは、文字ではないでしょう。英語でもフランス語でも、ましてや日本語でもありません。でも彼女には私の作品が、彼女の目にはこのように映ったのです。「上手」か「下手」かもよくわからない日本から来た書家が書いた作品を見て、きっと「私も作品を作りたい」と思ってくれて書き上げてくれたのだと思います。

自分が好きだと思えるもの、素敵だと思えるものを用具用材にとらわれずに、まずは表現してみる。真似てみる。

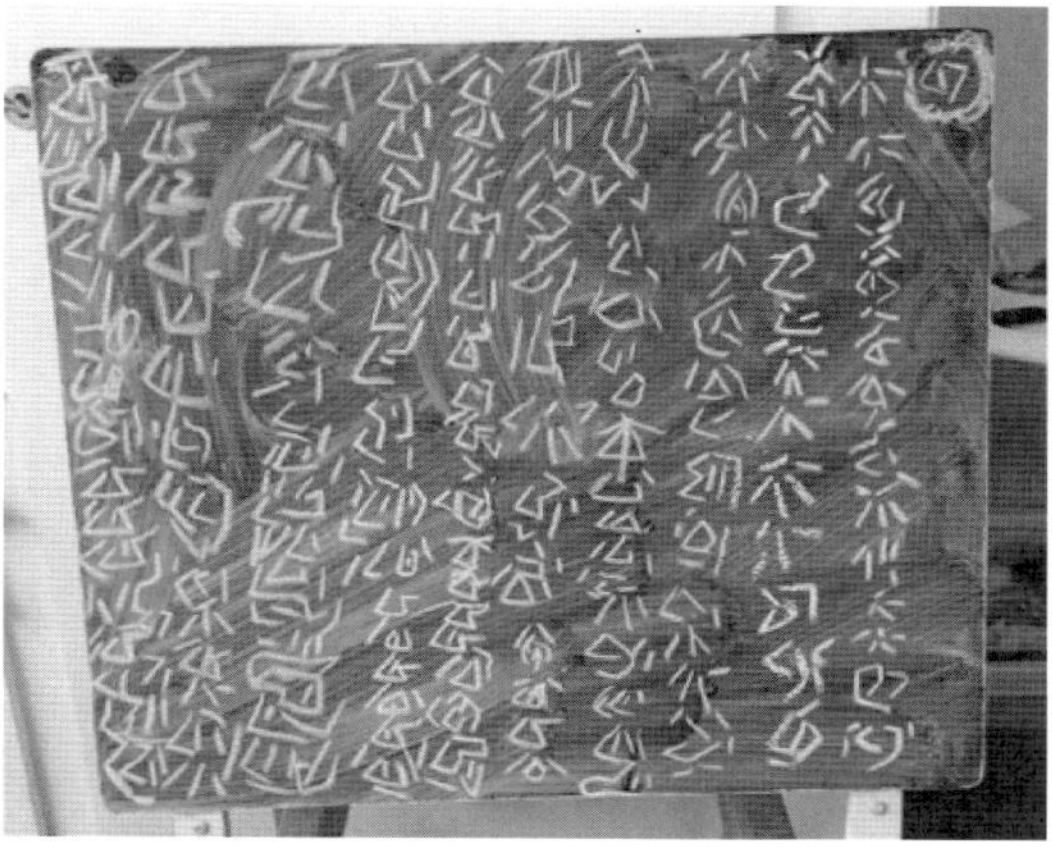

異国の地で手書き文字による表現と同時に、ノンバーバルの表現でも相手に何かを伝え、それが伝わった瞬間を実感した私は、興奮してその夜、眠れませんでした。

「未来へ念いが伝わった」

そんな気がしました。

50年前に日本から来た弟子丸泰仙《でしまるたいせん》（1914～1982）が欧州へ伝えた禅が、50年後の2018年に私がチューリッヒで般若心経を揮毫し、それを次の世代の少女が彼女なりの「個」で未来へ継いでくれた瞬間でした。

この時、改めて書くことは「上手」「下手」ではなく、自分の「念い」と向き合い、「念い」を込めて相手に届けることであることを再認識したのです。

その夜、私は、彼女のこの黒板にチョークで書いてくれた「ミニマム・プレゼンテーション」が生涯忘れられないものになることを確信しました。

「ミニマム・プレゼンテーション」：一筆箋

これまでビジネスシーンにおいて、お手紙やお礼状などをいただいてきた中で、9割はタイピングで作成されたものです。パソコンが普及してワードなどのソフトによってタイプすれば文章が綺麗なフォントでアウトプットできます。

ここであえてビジネスシーンにおいて、手書きの効果は非常に大きいとお伝えしたいと思います。

次ページの表を見ればわかるとおり、手書きはデメリットがありますが、メリットも多くあります。そして、これはみなさんの共通認識になっているのです。

だからこそ、この1割の手書きにはプレミアムなものを感じることができるのです。印象にも残りますし、思い出すこともしばしばあります。「あの方は、元気でいるだろうか？」「連絡してみようかしら」といった具合です。これも手書きのもたらす効果です。

もちろん、苦手な方や自信がない方に「上手」さを求めているのではなく、あなたにしか書けない、「味」のある、「個」が表現される手書きをオススメしたいと思います。

これらを実現できるのは、手軽で印象が残せる手書きツール。「一筆箋」です。一筆箋は少ないものだと三行と書くスペースも少ないものです。たくさん書けない分、少ない文章で伝えなければならず、言葉も選びます。また、たくさんの文字を綺麗に丁寧に書く必要もないため、「面倒だ」「手書きは自信がない」という心理状況にはならず、ほんのちょっとの心尽しには程よい分量です。

	メリット	デメリット
タイプ	早い 綺麗 読みやすい	味気ない
手書き	念いが伝わる 読み返す 取っておく 忘れられない	時間がかかる 面倒 上手・下手で見られる 読みづらい

では、一筆箋を書く時のポイントを三つお伝えしましょう。この三つでビジネスツールである「一筆箋」を使った「ミニマム・プレゼンテーション」が、あなたの「リベラル・アーツ」の一つに確実に加わります。

ポイント1：縦書きで短く

一筆箋は縦書きフォーマットですから、縦書きで書きます。本来漢字や仮名は縦書きで書かれていた文字ですから縦書きに即した文字構成です。縦書きにすると字が上手に見えてくるのは理にかなっているのです。横書きから縦書きにするだけで見た感じの印象は大きく変わります。

日本人のアイデンティティーである日本語は縦書きの文化です。ぜひ縦書きで書いてみましょう。「一筆箋」をフォーマットに選んだ時点で既に最初のポイントはクリアです。そして、一筆箋でも行数が少ないと書く文章も短くなります。この短い文章を書くこと、一言を添えて送るという気持ちだけで大丈夫です。

ポイント2：定型句を押さえる

一筆箋で一言お礼状を入れて相手に送付する時も同様です。「ありがとうございます」や「今後ともよろしくお願いいいたします」という定型句を練習します。

この時のワンポイントは「ひらがなを続ける」と格好よく見えるということです。

例えば「いつも」の「つも」、「〜します」の「ます」を続けてみると達筆に見えます。「す」の元の文字は「寸」ですから、最後の点を下に長く線を伸ばすより短い方が元の文字を再現しています。

ひらがなは成り立ちとなっている元の漢字を知るだけでも文字の捉え方が変わってきます。

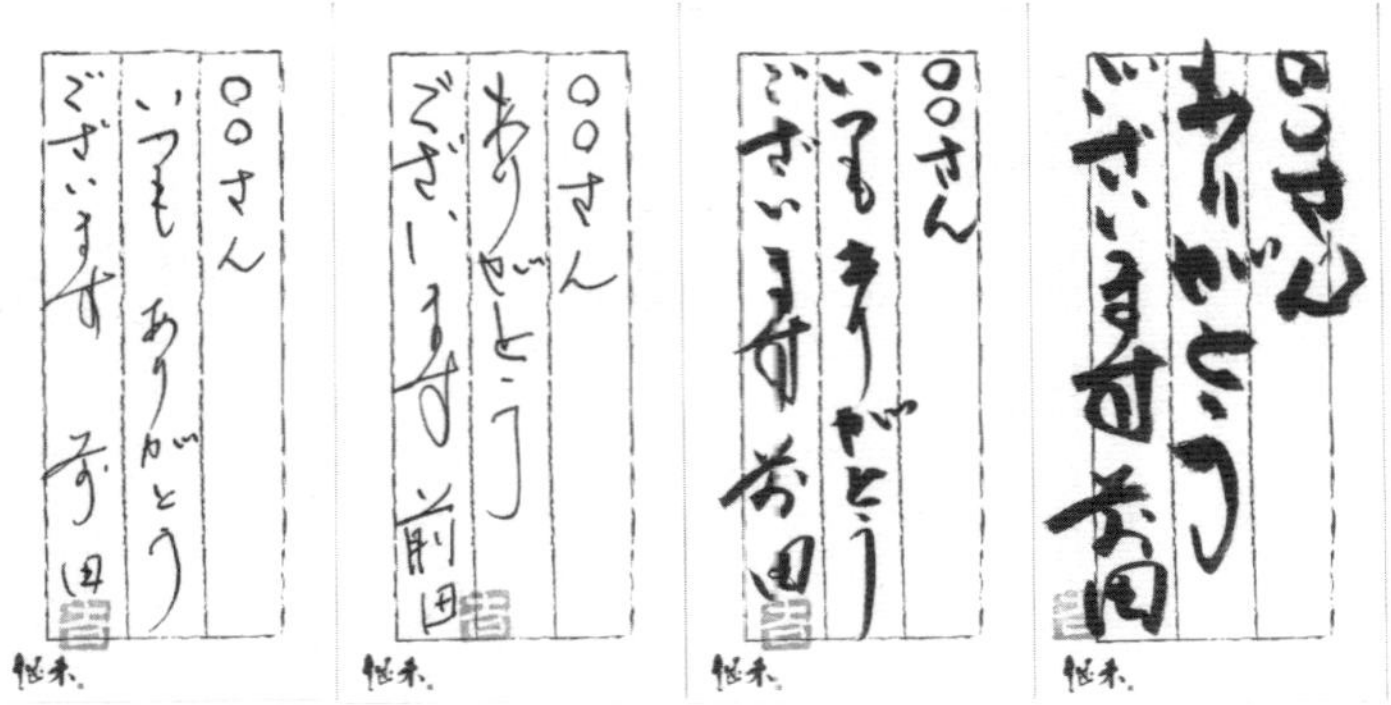

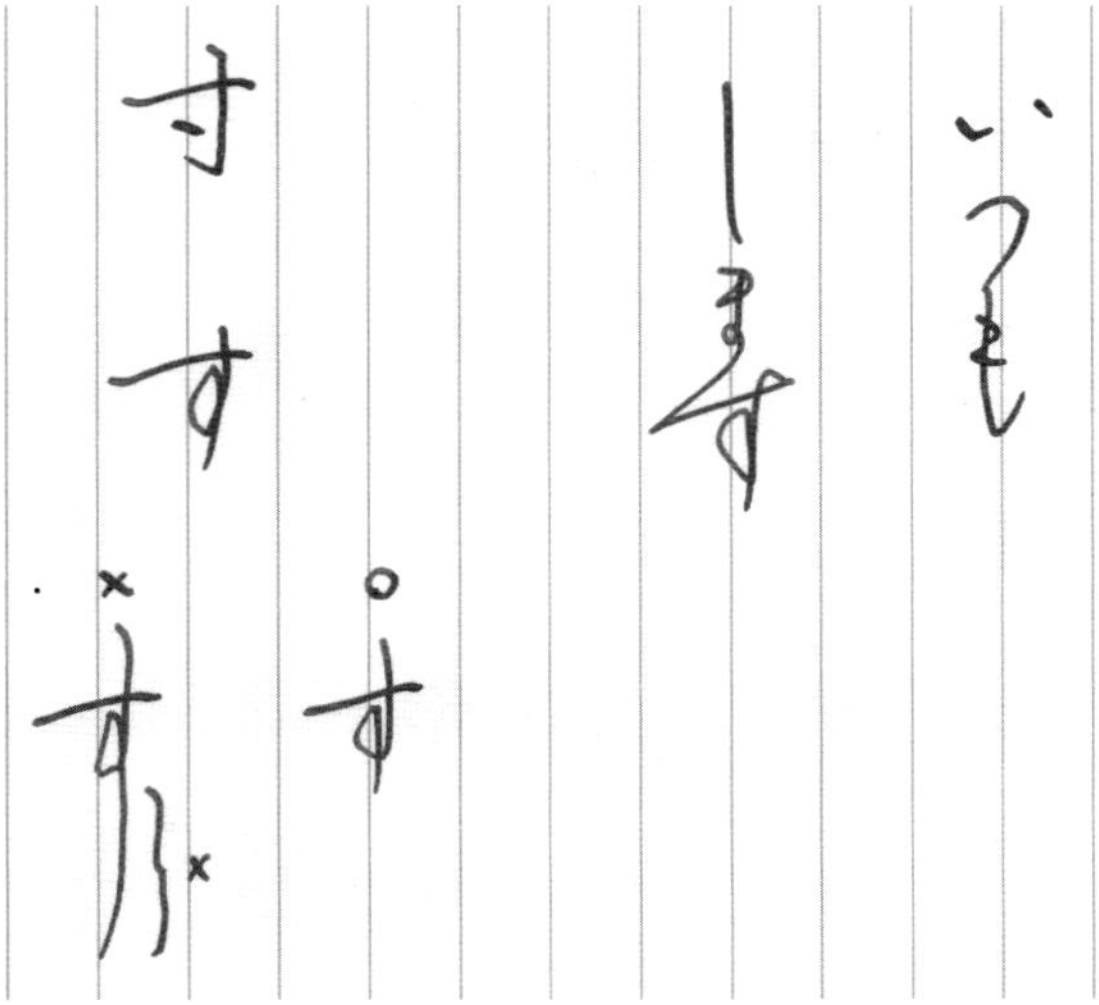

すの下は伸ばさない　　「つも」「ます」を続ける

ん	わ	ら	や	ま	は	な	た	さ	か	あ
无	和	良	也	末	波	奈	太	左	加	安
	ゐ	り		み	ひ	に	ち	し	き	い
	為	利		美	比	仁	知	之	機	以
		る	ゆ	む	ふ	ぬ	つ	す	く	う
		留	由	武	不	奴	川	寸	久	宇
	ゑ	れ		め	へ	ね	て	せ	け	え
	恵	礼		女	部	祢	天	世	計	衣
	を	ろ	よ	も	ほ	の	と	そ	こ	お
	遠	呂	与	毛	保	乃	止	曽	己	於

ひらがなの元字

ポイント3：漢字10に対してひらがな8

漢字の大きさを10だとすると、ひらがなはやや小ぶりにして8くらいの大きさにしましょう。このメリハリで変化がかなりつきます。

いかがでしょうか？　この三つのポイントを押さえれば、今日からミニマム・プレゼンテーターです。

ひらがな8、漢字10のサイズで

一筆箋は、ご自身が愛着を持てるものが一番です。

デザイン、サイズなど多種多様。すぐに取り出せてすぐにお渡しできるようなものがオススメです。

私が主催している書道塾の継未《つぐみ》では、一筆箋のセットをご用意して生徒さんにも希望があればオススメしています。

こちらは筆ペンもセットになっていますので、皆さんにも普段から文字を書くことを身近に感じていただけるようにしています。

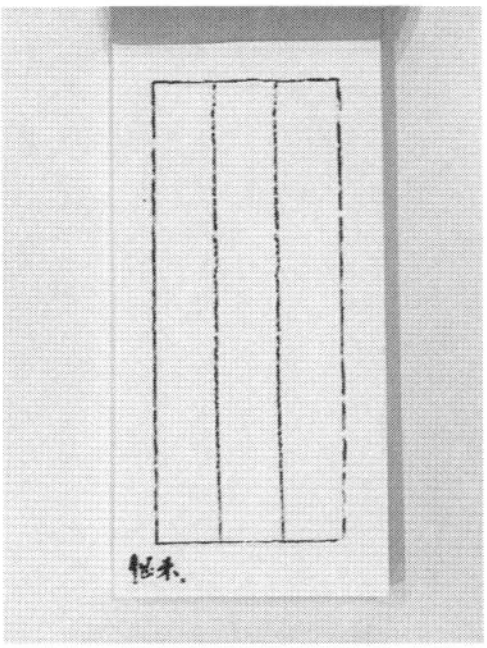

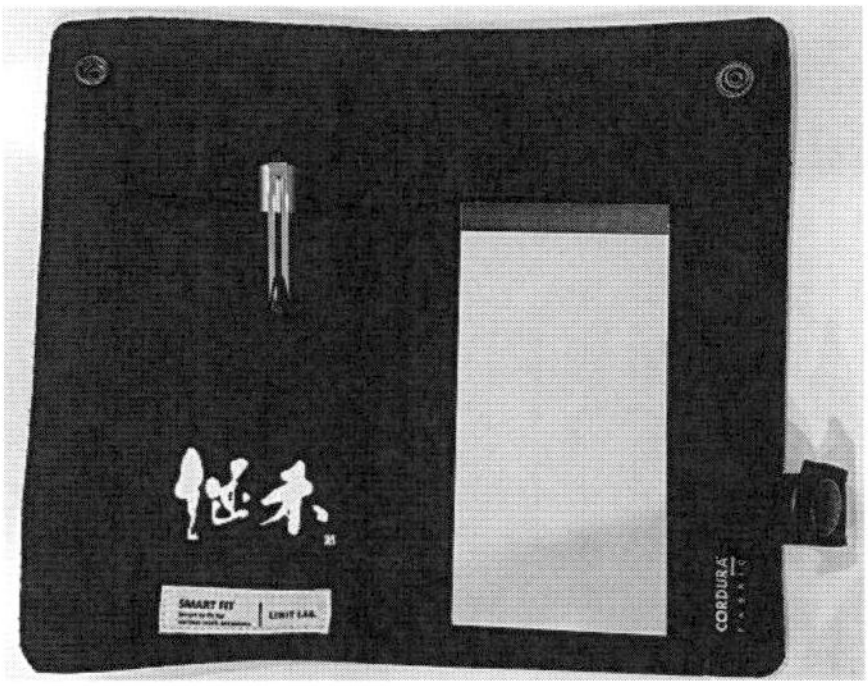

■継未 一筆箋セット。こちらからお買い求めいただくことも可能です。
https://japantugumi.theshop.jp/items/13462994

筆記用具にこだわる

手書きをする時には道具から入るのも一つです。一番自分に馴染むものがよいでしょう。ここでは参考までに、私が普段使いしているものを紹介します。あくまで私にとって使い勝手がいいものです。先に述べた「真」「麗」「雅」「風」によってそれぞれふさわしい筆記用具があります。

その1：筆ペン

まず筆ペンですが、ぺんてるの筆ペンを愛用しています。さまざまな種類がありますので選ぶのも楽しいと思います。❶ぺんてる筆ペン XFL2L 中字 黒：こちらは比較的安価で墨量も多くたっぷり書けます。「真」「麗」「風」向きの筆ペンです。

❷ぺんてる筆ペン　携帯用　きらり：こちらはキャップがしっかりしまって飛行機の移動など、気圧の変化があったとしても安心して持ち運べます。ピンクやゴールドなどの色もあり、女性にも人気です。「麗」「雅」向きの筆ペンです。

当方のお教室の一筆箋のセットもこちらの筆ペンに「継未」のロゴを入れたものを使用しています。カートリッジの墨の量が少なめですので、大量に書かれる方には❶をオススメしています。

その2：万年筆

万年筆はパイロットのものを使用してい

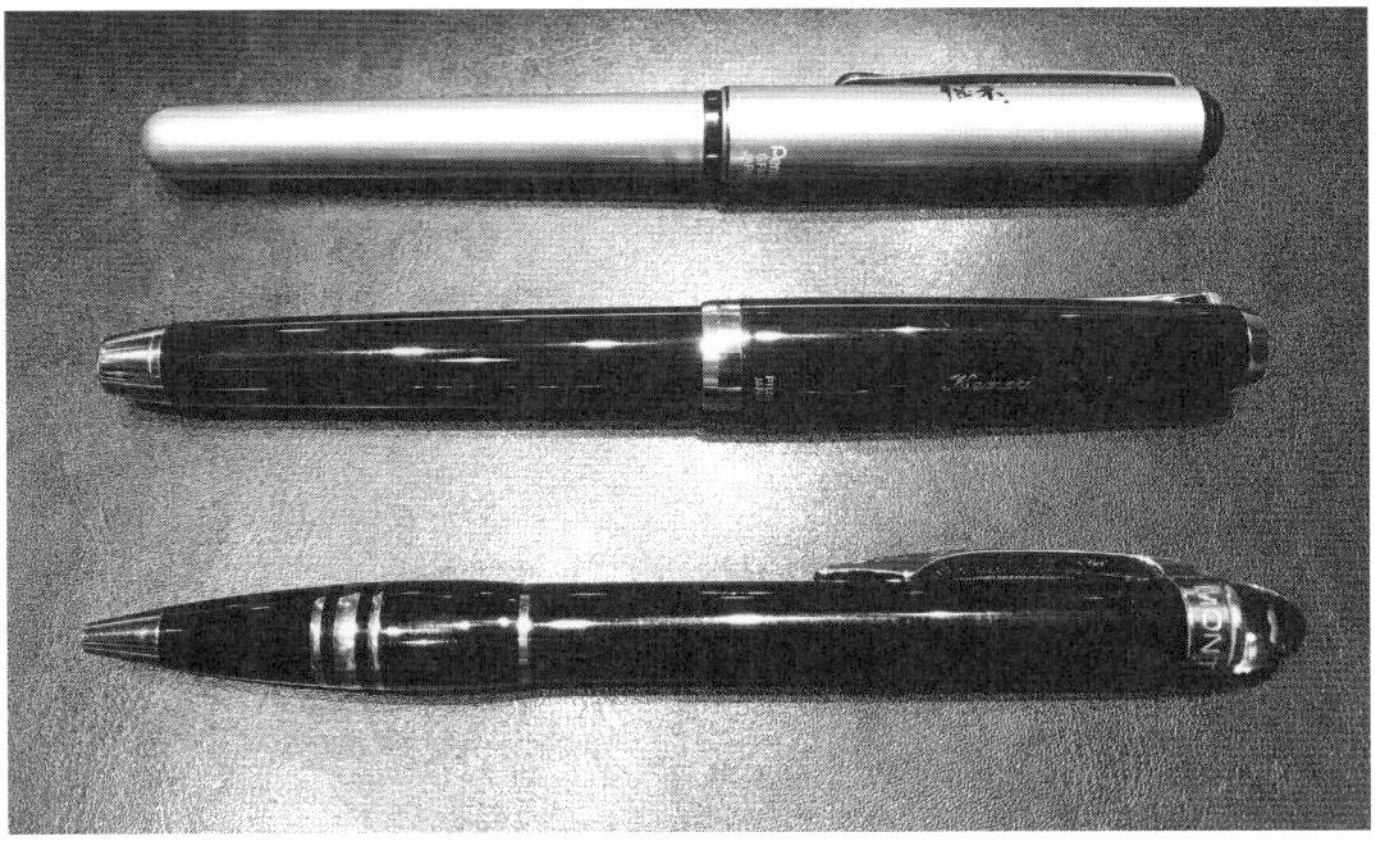

ます。ＥＬＡＢＯ：１９７８年に誕生した日本の文字に適した万年筆です。軽い力で字幅に強弱をつけることができる柔らかなペン先が特徴的です。「とめ」「はね」「はらい」の表現にも適していて筆圧の変化を楽しめる万年筆です。

その３：ボールペン

ボールペンは、モンブランのStarWalker Precious Resinを使用しています。31ｇの重みと、握った時の先端の太さが私の手に馴染む感じでフィットします。こちらも筆圧の変化が出しやすいように太めのミディアム（中字）の芯を使用しています。

長く使うことを考えると、自分が気に入った筆記用具を持つことをオススメいたします。それぞれに共通するのは「筆圧の変化が出せるもの」＝「強弱の変化が出せるもの」にこだわっています。

これは、筆と同じように線の変化で表現ができるものを私が求めているからです。ぜひ、みなさんもこだわりの筆記用具を探してみてください。

自分だけのお手本
～自分の文字を武器にするには

では、いよいよ書き始めましょう。兎にも角にも、人生で一番書くのはあなたの名前です。なのに、名前を書くことが本当に苦手だったり、結婚して苗字が変わったら苦手になってしまったという方もいます。ということで、まずは自分の名前を「ミニマム・プレゼンテーション」するところからスタートです。

当方の教室は一回のレッスンが二時間ですが、小学校以来、筆を持つ方であっても二時間あれば十分きれいに、上手に、そして個性的にとさまざまな種類で書けるようになります。先に述べた「真」「麗」「雅」「風」のどの書風でも書いてみたいものを練習していただけます。

ただ、これは当然お手本があって、それを書くのであれば二時間で自分のものにしていただけるのですが、お手本も何もない状態だとなかなか難しいと思います。

そこで、オススメなのが「集字」です。

「集字」とはあなたの名前に該当する文字を名跡からピックアップして自分だけのお手本を作ることを指します。

ここで使うのが、『新書道字典』（二玄社）という字典です。楷書・行書・草書・隷書・篆書・古文の六つの書体について過去の歴史上の名跡から総4700字を厳選して収録されているものです。この一冊があれば、ご自身の名前をどの書体で書いてみたいかがすぐにわかる魔法の字典です。

ただしここで集字できるのは先の六つの書体ですので、それ以外の「風」の象限にあるような、もっとユニークで、個性的なものとなると、街を歩きながらさまざまな看板を見て、好きなフォントを集字するフィールドワークを行います。

名前のお手本ができたら、次は住所や会社名など、少しずつ普段使いのお手本を増やしていきます。ビジネスシーンで必要となるものはそれほど多くありません。自分だけのお手本を楽しみながら作ってみましょう。

手書きの壁を乗り越える三つのポイント

「お手本ができて書き始めたけど、なかなか上手く書けない」という見えない壁が立ちはだかるかのように、思ったとおりには筆が運ばないかもしれません。

文字の上達法というのは、「美文字」「大人文字」など多くの書籍で述べられているわけですが、すべてを意識してやるのにはかなりの時間と労力を要します。

癖を取るという意味で、私がオススメしているポイントは三つです。

❶「入」（打ち込み）
❷「上」（右肩上がり）
❸「続」（続けて書くイメージを持つ）

❶「入」（打ち込み）

書道用語で「起筆」にあたるものです。線を引く、点を打つ最初の部分を少しだけ顔を出したような引っかかりを作ります。

打ち込みあり　　打ち込みなし

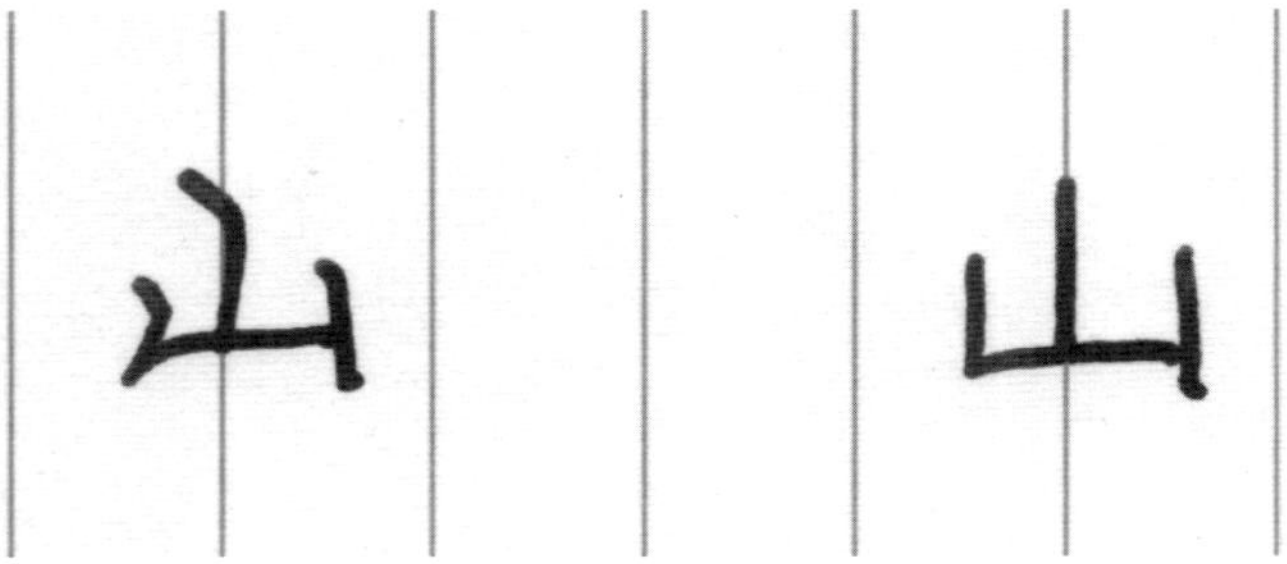

❷「上」（右肩上がり）

横画の話になるのですが、6度の角度で横画は右斜め上に上げると恰好がよくなります。

横画が続く場合は、最後の横画は少し下げると全体の収まりがよくなります。

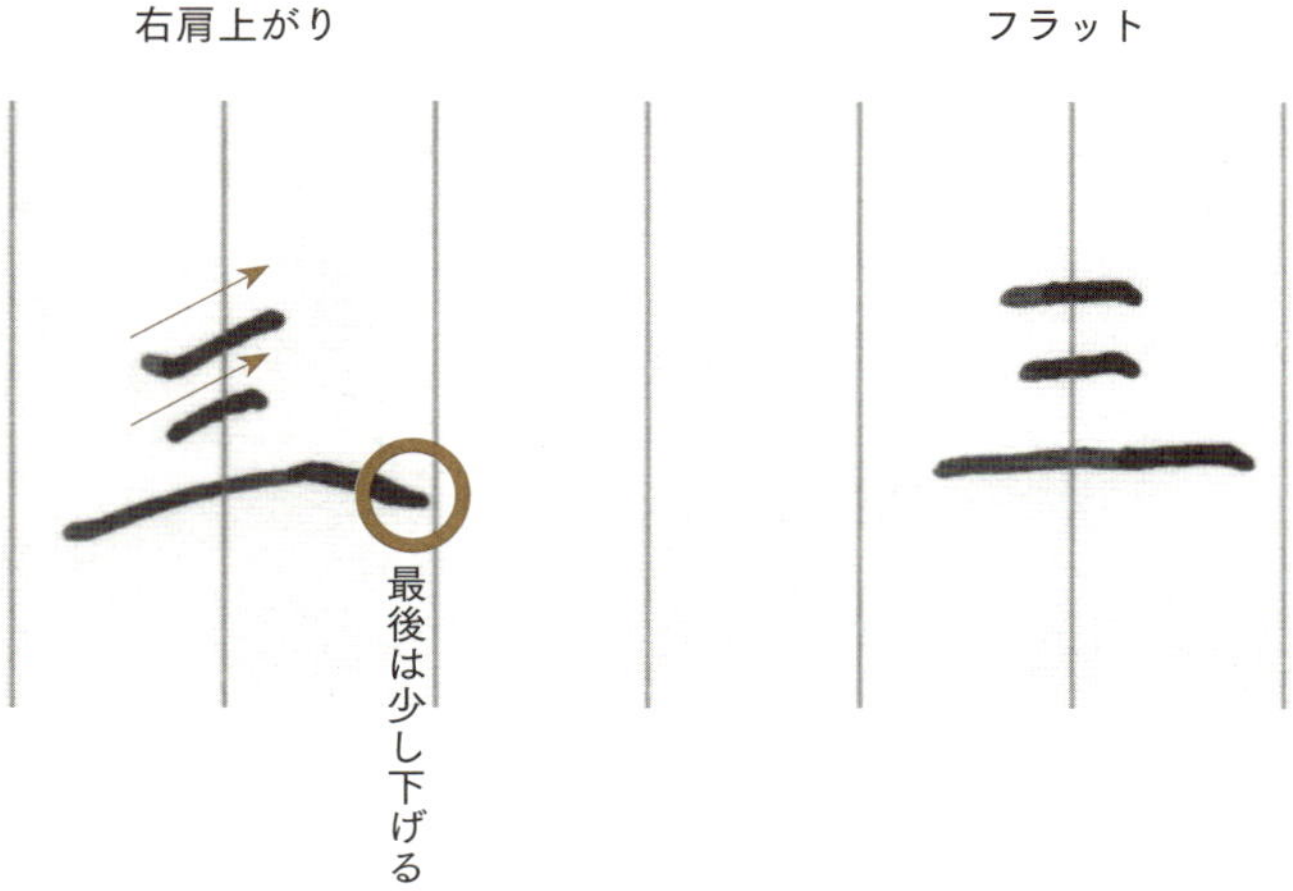

❸「続」（続けて書くイメージを持つ）

文字は点の連続が線になり、線と線が組み合わさって文字になります。引いて終わりではなく、引いた後に線が重なって文字になるわけですから、それぞれの線を引き終わって終わりにしないで、気持ちを途切らせずに次の線を引くことを意識します。そうすると、点や線の終わりから次の点や線の「入」が頭を出したような引っかかりが作りやすくなってくるのです。

この三つを意識すればグッと文字が変わるはずです。早速意識してチャレンジしてみてください。

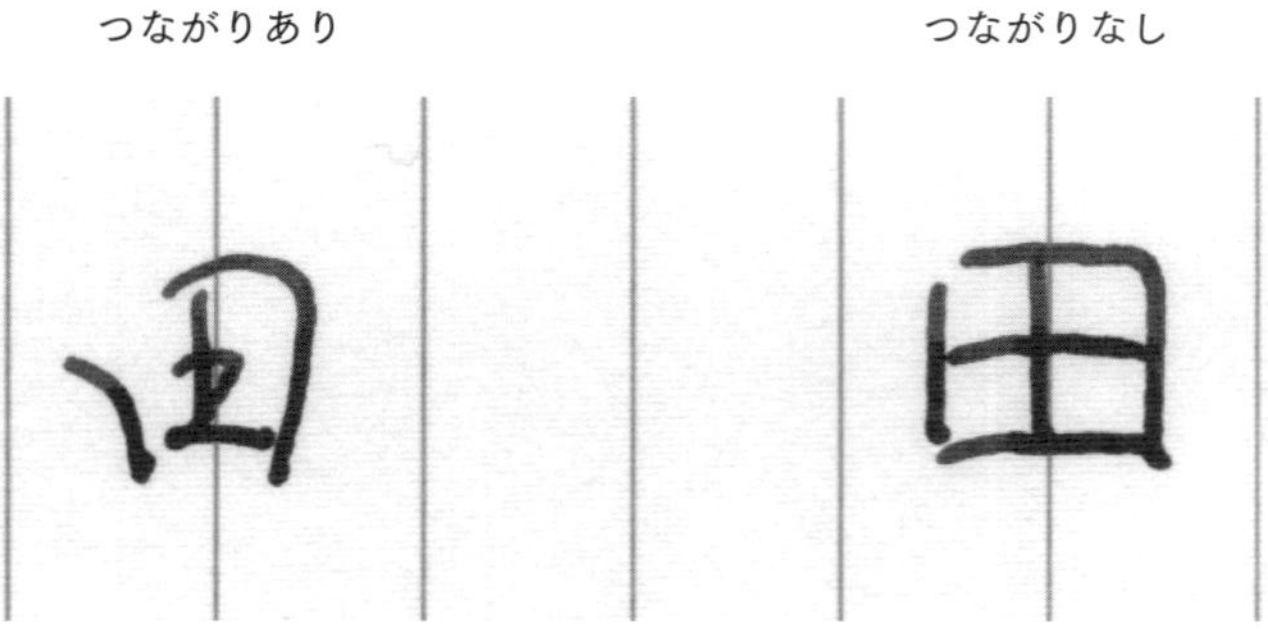

美しさより「念い」のこもった文字が心に届く

三つのポイントを押さえて練習してみると、次第に自分でも納得のいく名前が書けるようになっていきます。さらに練習を重ねていけば、お手本など見なくても文字造形が頭の中に入ってきます。自転車に一度乗れるようになったら、それからはいつでも何度でも乗れるのと同じです。

さらに、あなたらしい文字も書けるようになると幅が広がります。最初から「風」の表現を選ばれた方は、すでにあなたらしい文字を手に入れていると言えるでしょう。

美しい文字というのは、美しさの隣り合わせに無機質さが介在します。また、あまりにも上手な手書きのお手紙をいただくと、お返事を返すのに躊躇したりしませんか？

私は相田みつを（1924～1991・詩人、書家）の書が大好きで、美術館にもよく通うのですが、彼の書からは温かみを感じます。もちろん、彼の文章がそう思わせるのですが、その文章を彼の書風がさらに増幅させているのです。

お手本どおりの一般的な美しさでは「個」や「味」というものは出ません。誰が見ても「美しい文字」になればなるほど、「パソコンでタイプすれば十分では？」という考えに帰着するのも一理あります。

一方で「個」が見て取れる書風で添えられている言葉は、あなたらしさが何倍にも増幅されることが多々あります。その時その時の「念い」がこもった手書きの手紙はずっと手元に置いておきたいものです。

いずれにしても、美しい文字であっても味のある文字であっても、「手書きの手紙をもらって嬉しい」という感覚はみなさんが共通して持っている体験です。その手紙の文字が「上手」なのか「下手」なのかは全く関係ないのです。

今一番伝えたい人は誰かを考える

その人に一番何を伝えたいかということを考える

相手のことを念って言葉を選ぶ

誰かに手紙を送ろうと考えた時、その人のことを考える時間を作ることになります。相手のことを「念う」時間を大切にする。その一手間が、相手にとってあなたへの見方を陳腐化させない大切な「いとなみ」になるのです。

テンプレ化からの脱却

「お礼状」の文面がテンプレートになってしまっている方はすぐにわかります。時間がないので同じ文面を使いまわしになってしまいがちだからです。そうすると「これはテンプレートだな」ということが相手に伝わってしまいます。一斉送信メールをたくさんの方に送っているのと同じ状況です。

これではせっかくの手書き、せっかくの「ミニマム・プレゼンテーション」なのにもったいない話です。

遥か昔から名跡として残っている書の作品は、誰かが誰かに送った手紙だったりします。

空海（774～835・真言宗の開祖。三筆の一人）が最澄（766／767～822・天台宗の開祖）に送った手紙の「風信帖」がそれに該当します。そこに介在するのは「個」と「個」。一対一です。

テンプレ化させないということは、その人に合わせて文面を変えるということですが、それほど難しく考えず、その人と共有できるエピソードや共通の体験、感覚を込めることで伝わり方は変わります。

手書きにするのも、たった一言、たった一単

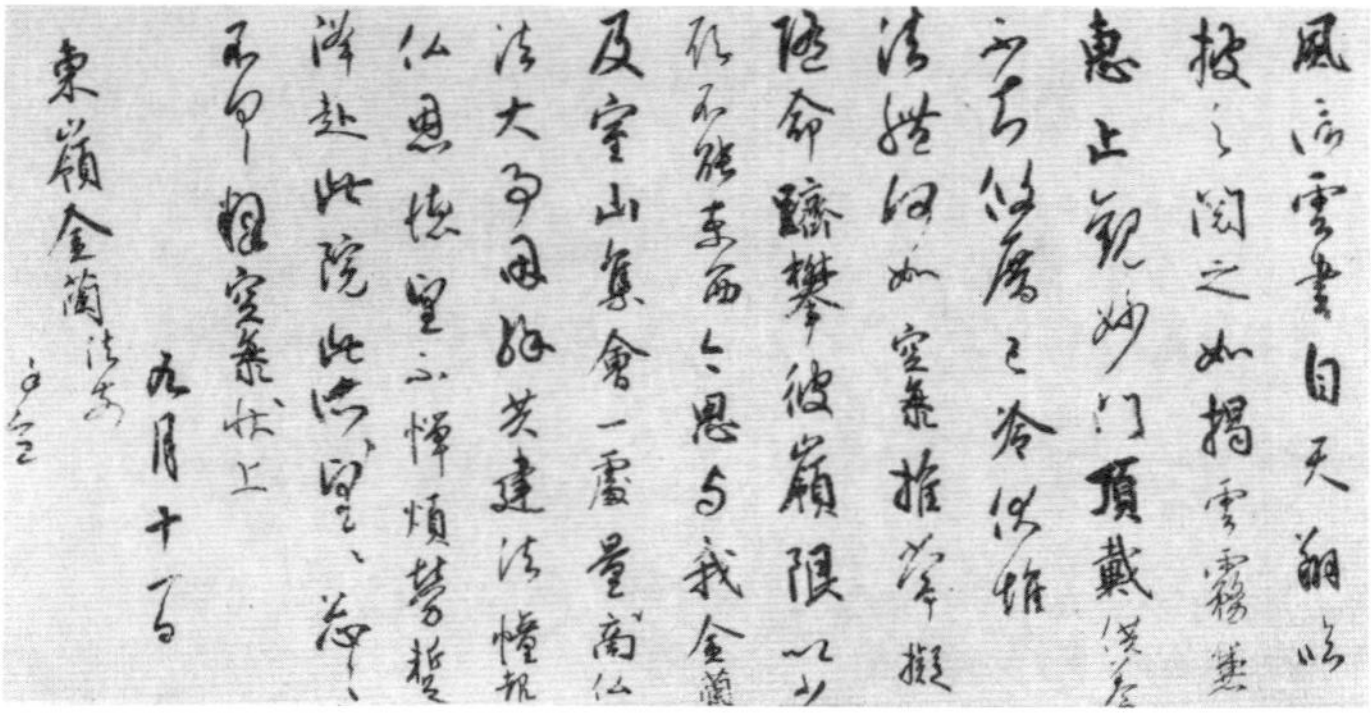

■風信帖：空海

語でもよいのです。それが「念い」を込めることになります。

もう一つは、相手の立場に立って、自分がどう伝えると相手がどう思ってくれるかを考えます。

たとえば、私が恩師に手紙を書く場合、「お体ご自愛ください」というのがテンプレ的な言葉だとすると、そうではない伝え方として、「葡萄が美味しい季節になりました」とか「旬の果物をいただくと、元気が出ますよね」と添えた手紙と葡萄を送るだけでも、「食べてみるか」というように、手紙を受け取ってからの、相手の具体的なアクションが想起できます。


相手を念うと、選ぶ言葉が変わってきます。

「ミニマム・プレゼンテーション」は文字の「上手」「下手」よりも、相手とどう向き合うかというところが大きなウェイトを占めます。

ビジネスであれば、「会社の人としてでなく、一個人として関わる」という付き合い方をしているからこそ伝わるわけです。

「内観」の時間を習慣づける手軽な方法

では、日々忙しい中で、どうすれば相手のことを念う時間を取れるのでしょうか？

そもそも、相手と向き合う前に、あなたは自分と向き合う時間＝「内観」の時間が取れているでしょうか？

私たちは、どうしても日々やらなければならない目の前の仕事に時間を取られてしまうがために、自分に向き合える時間というのがなかったりしませんか？

意識していないと、楽しいテレビの番組、ＳＮＳでつながっている誰かの投稿やメッセージ、チャットの着信など、周りに流されてしまいがちです。

ですから、絶えず「自分は今、何をしたいのか」ということを、日々のちょっとした時間を取って考える癖をつけていくだけで、ビジネスの世界でも大きく行動に変化が現れて違った結果につながっていくのです。大きな目標や壮大な妄想も時にはいいのですが、もっと身近な「今、この時」をほんの少し考えてみるのです。
ただし、日常からそういう思考回路を持っていないと、いざ「仕事で」と言われても、シナプスがつながってくれません。

自分と向き合う「内観」の時間を持つことを習慣づける

私の場合は、毎日お風呂の時間が「内観」の時間です。
私は長時間お風呂に浸かっているのが苦手です。ですからそれほどゆっくりできないのですが、湯船に浸かって一分間考える時間で「内観」するのです。

「誰に何を伝えたいか」

湯船に浸かって一分間だと、そんなに苦もなく毎日できます。

もう一つは、歯磨きの時間です。歯磨きをする行為は毎日数回繰り返していることなので、改めて歯を磨くぞ！　と意識しなくても上手に磨けるものです。歯磨きを「考える時間」に設定すると、鏡越しに自分を見ることにもなりますから、より自分に向き合いやすくなります。

お風呂や歯磨きはあくまで一例ですが、「日常の中でこの所作になったら考える」という習慣を持つと、自然と考える時間になっていくのです。

ぜひ、一分間の「内観」の時間を大切にしてみてください。

そして、「内観」で向き合った自分を「手書き」で伝えてみましょう。

第3章では、さまざまな「ミニマム・プレゼンテーション」を見ていきたいと思います。過去の偉人たちの手書きの文字には、今のタイプされた文字にはない重厚感や圧倒的な「個」、強い「念い」が伝わってきます。

これからの「ミニマム・プレゼンテーション」の参考になると思います。

コラム

念いを込めた書

「念い」を込めて書く作品には
❶相手の「念い」を聞いて作品にするもの
❷自分の「念い」と向き合って作品にするもの
があります。ここではいくつか「念い」を込めた作品をご紹介します。

「こうのとり」
2013年HTV4のプロモーションビデオのタイトル用に名称である「こうのとり」

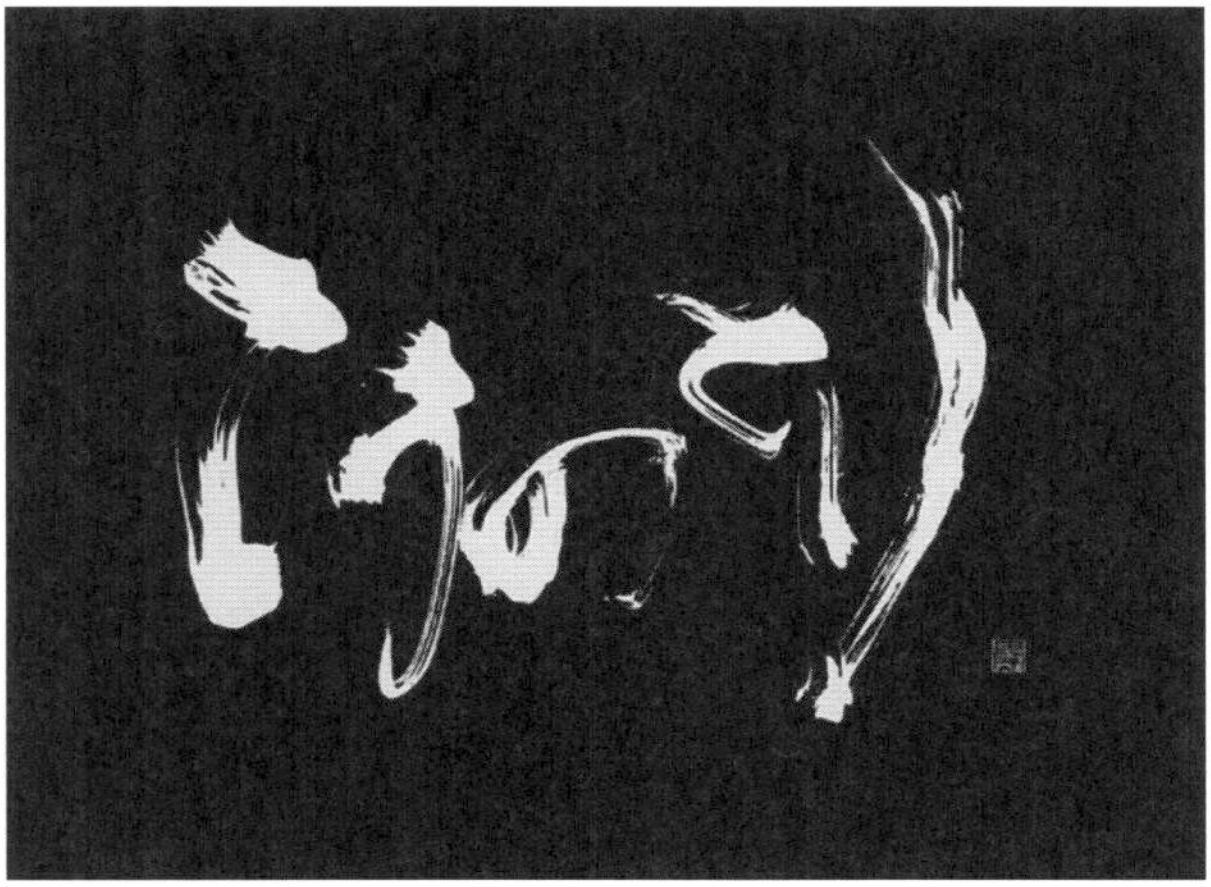

■「こうのとり」：JAXA 所蔵

を揮毫しました。無事打ち上がってほしいという「念い」を込めて「り」の最終画の書き順を通常とは逆の下から上へ書き上げています。そもそも文字には書き順がありますから書道教室では書き順どおりに書くことが求められますが、私は「念い」を込めることを優先して、書き順はそれほど重要視しない場合もあります。

●HTV4プロモーションビデオ：https://youtu.be/0scV01efY5Q

「国宝 彦根城」

平成29年に開催された、国宝 彦根城410年祭のタイトル。国宝である彦根城から「彦」の点を天守閣に、「彦」の左へのはらいと「城」の右下へのびる線は城壁をイメージ。そして「根」の右はらいから円を描く線は琵琶湖をイメージして揮毫しています。

築城してから410年続く彦根城の威風堂々とした様、登りたくなるフォルム、眼下に広がる雄大な琵琶湖。風光明媚な彦根を凝縮して表現し、多くの方々に彦根の良さを伝えたいという「念い」を込めた作品となりました。

●国宝彦根城410年祭プロモーションビデオ：https://youtu.be/jagzCx8GlpY

■看板写真掲載許諾

【東京鳩居堂 銀座本店】 〒104-0061 東京都中央区銀座 5-7-4

【しゃぶせん銀座 2 階店】 〒104-0061 東京都中央区銀座 5-8-20
ギンザコアビル 2F

【ぎんざ寿し幸】 〒104-0061 東京都 中央区 銀座 7-7-14

【ぎんざ古窯】 〒104-0061 東京都中央区銀座 7-6-11
ミクニビル 2F

■写真・画像出典：
空海筆「風信帖」京都　東寺蔵
尾上八郎 -『和様書道史　風信帖（一）』
public domain in Japan

揮毫「こうのとり」宇宙航空研究開発機構（JAXA）

第3章

他者の手書き文字を味わい、書風を学ぶ

01

岩崎彌太郎

■岩崎彌太郎（いわさき・やたろう）1835年～1885年／三菱財閥の創始者。高知藩に職を得、開成館長崎出張所に勤務し貿易に従事、1869（明治2）年には同藩大阪商会に転じた。廃藩置県に際し藩の事業を引き継ぎ、九十九商会をおこし、後に社名を三菱商会、郵便汽船三菱会社へと改称した。台湾出兵の軍事輸送、西南戦争の軍事輸送を担当。さらに、鉱山・造船・金融・貿易など多方面への進出も試みた。

左は上野景範（明治時代の日本の外交官。薩摩国鹿児島郡出身。明治維新後にハワイの元年者移民問題などに当たり、駐米・英・墺などの全権公使を歴任）に宛てた英国留学の三菱社員子息の庇護を依頼、西南戦争の戦況を伝えている書簡（明治10年3月4日）です。

書風は「雅」ですが、文字の中の白を意識的に取っているため、書簡の全体から窮屈さや圧迫感よりも雄大さ、大らかさが伝わる書です。行も大きく左右に振れることなく比較的まっすぐと書く書きぶりからは実直さ、そして文字の最後を左上に丸く書き上げる曲線の多用も人懐こさが想像されます。後に三菱財閥の礎を築き上げていく創業者として懐の深い書としておきたいと思います。

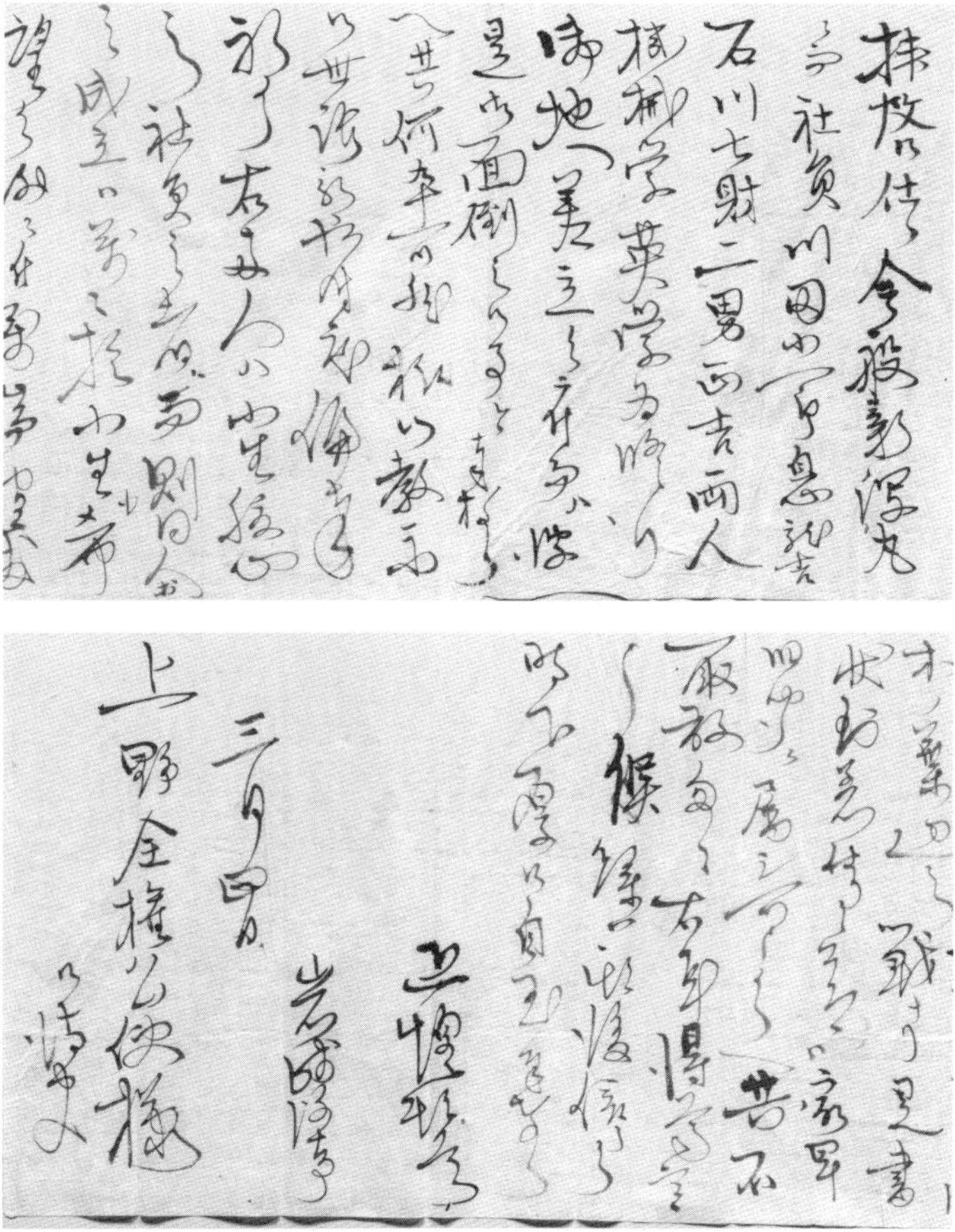

■岩崎彌太郎書簡　上野景範宛
作成者：岩崎彌太郎　宛先：上野景範　年月日：〔明治10年〕3月4日
内　容：英国留学の三菱社員子息の庇護を依頼、西南戦争の戦況　記述法：墨書

02 渋沢栄一

■渋沢栄一（しぶさわ・えいいち）1840年～1931年／明治・大正期の指導的大実業家。豪農の長男。一橋家に仕え、1867（慶応3）年パリ万国博覧会に出席する徳川昭武に随行し、欧州の産業、制度を見聞。1869（明治2）年新政府に出仕し、5年大蔵大丞となるが翌年退官して実業界に入る。第一国立銀行の総監役、頭取となったほか王子製紙、大阪紡績、東京瓦斯など多くの近代的企業の創立と発展に尽力した。

左は榎本武揚（戊辰戦争では土方歳三らと五稜郭に立てこもるものの降伏。明治新政府では北海道開拓に尽力し、その後、ロシア駐在公使として樺太・千島交換条約を締結）宛に送った書簡で工場増設についてのものになります。（明治28年2月13日）

書風は「麗」。行間がしっかりと取られていて生真面目な性格が出ています。一つ一つの文字を草書体でしっかりと書いており、政府高官へ出す手紙として丁寧に書くのは作法としても重要です。生涯に500の企業育成、600の社会公共事業や民間外交を行なってきた際に政府高官との書簡によるコミュニケーションは欠かせないツールであったに違いありません。

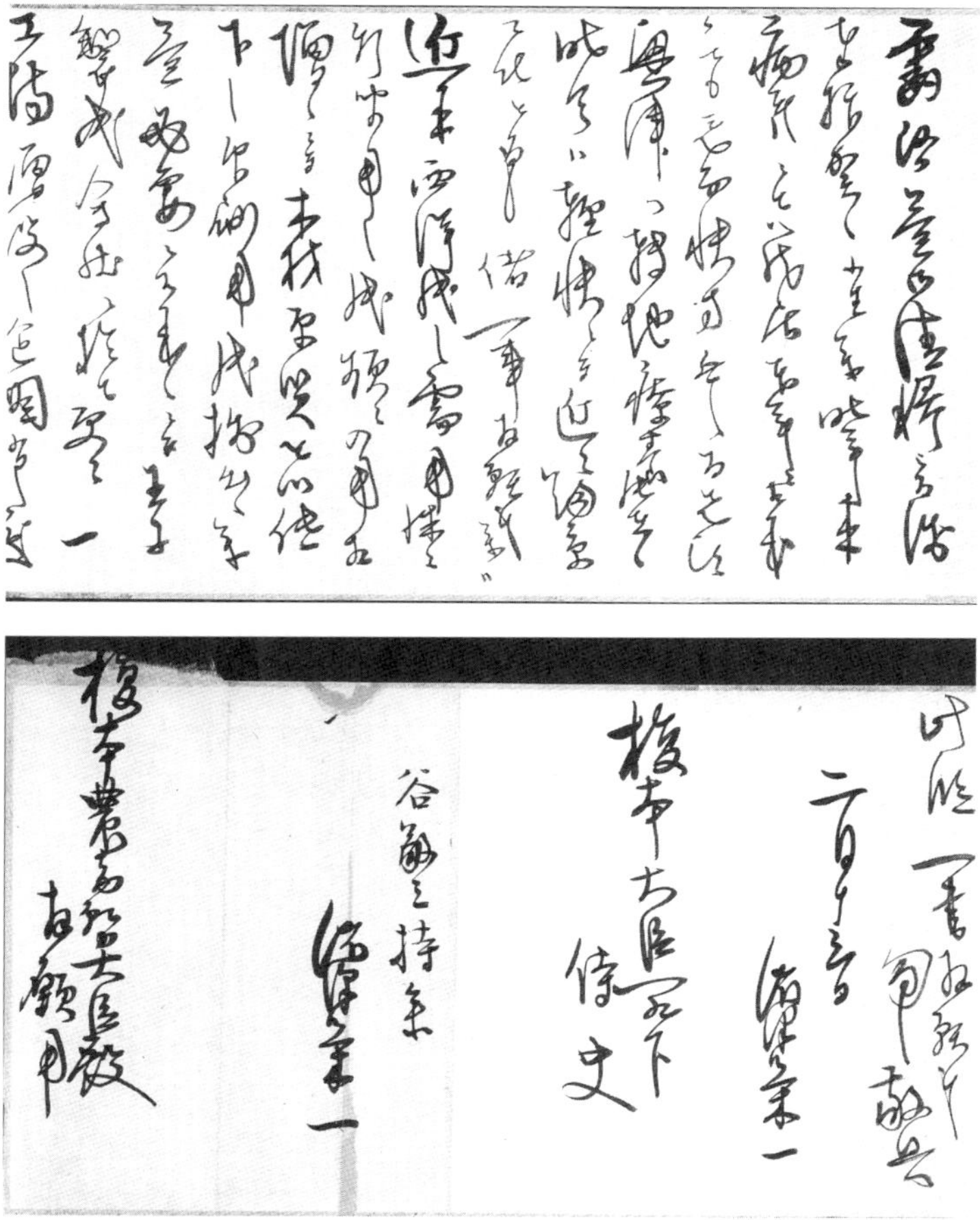

■渋沢栄一書簡　榎本武揚宛
作成者：渋沢栄一　宛　先：榎本武揚　年月日：明治28年2月13日
内　容：近来西洋紙之需用相増候ニ付工場増設之企図有之候　記述法：墨書

03

立石一真

■立石一真（たていし・かずま）
1900年～1991年／1933年にオムロンの前身である「立石電機製作所」を設立。当時日本になかった工場の自動化を推進。自動券売機・自動販売機の技術や、世界初の無人駅システムの開発をはじめ、家庭用健康機器の普及にも努めた。さらに、重度身体障害者を雇用する日本初、社会復帰のための福祉専門工場を設立、運営までを行う。技術先行型企業の立石電機をオートメーションのリーディングカンパニー「オムロン株式会社」へ育て上げ、最晩年には私財を拠出して「公益財団法人 立石科学技術振興財団」を設立した。

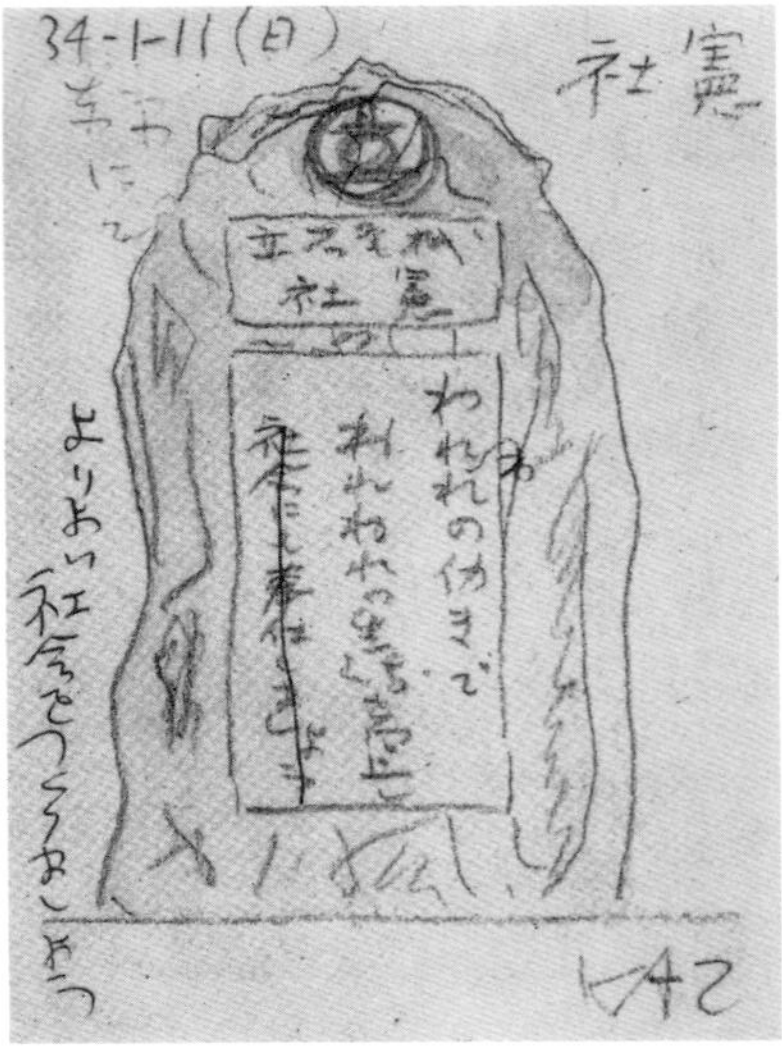

社憲「われわれの働きで　われわれの生活を向上し　よりよい社会をつくりましょう」は「企業は社会に役立つために存在する」という考えのもと、1959年に制定されたものです。上の写真は今回、初めて社外に開示していただいた貴重なものです。

オムロン（旧・立石電機）を一代で築き上げた一真氏は「事業を通じて社会の課題を

■自筆署名

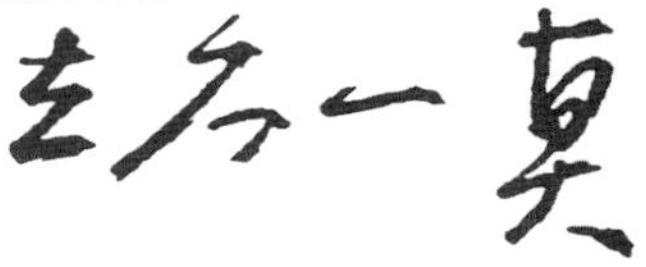

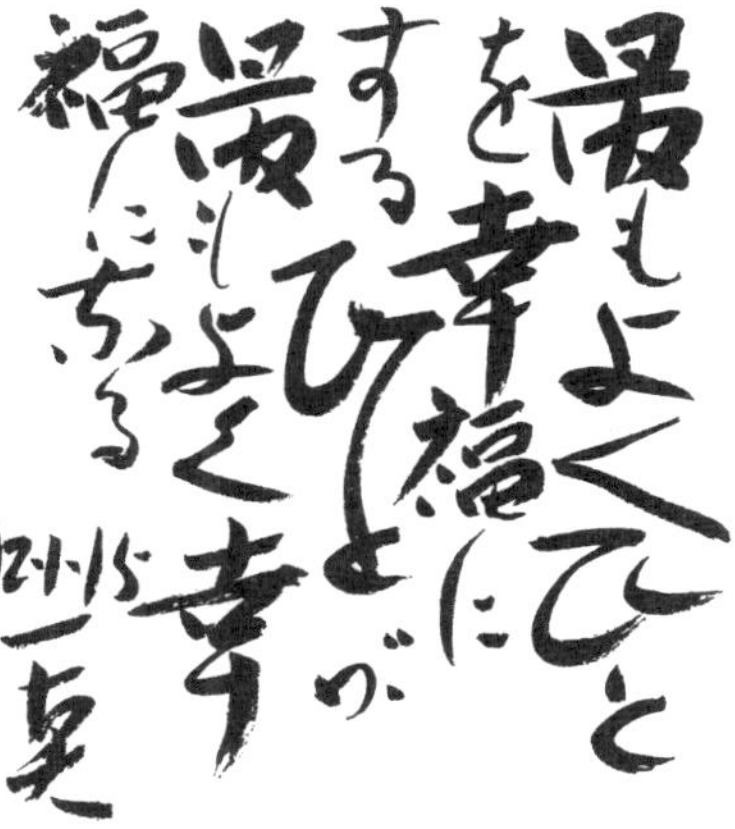

■（右）社憲碑の構想の自筆スケッチ／社憲「われわれの働きで　われわれの生活を向上しよりよい社会をつくりましょう」は、今もオムロン全社員が最も大切にしている言葉である。

■（左）座右の銘／「最もよくひとを幸福にするひとが最もよく幸福になる」

解決する」「できないではなく、どうすればできるか工夫する」ことを大切にされていました。

持続可能な社会の発展に貢献することが企業文化の一面。重度障害者の方が働けるオムロン太陽電機（現・オムロン太陽株式会社）を設立した際も社会に価値を提供する側になること、すなわち事業として黒字にすることに拘《こだわ》りました。まさに企業の公器性を実践した経営者であり、その念《おも》いと人柄は、温かみのある穏やかな丸味がかった文字にも溢れています。

書風は「風」。特にひらがなの表現の柔らかさに注目。「社会に奉仕しましょう」を「よりよい社会をつくりましょう」という表記にすることで、より多くの方々にとって自分ごとにしやすい文章になっているのも一真氏の「念い」の現れです。

04

中村不折

■中村不折（なかむら・ふせつ）
1866年〜1943年／明治、大正、昭和初期に活躍した洋画家、書家。不折の書は、デザイン性の高さと親しみやすさから店名や商品名のロゴに用いられた。「新宿中村屋」清酒「真澄」「日本盛」「信州一味噌」「筆匠平安堂」など。夏目漱石『吾輩ハ猫デアル』の挿絵、島崎藤村『若菜集』、伊藤左千夫『野菊の墓』などの装幀・挿絵も手がけている。

書風は「風」。この独特の書風は不折の十八番《おはこ》であり、独特に映るかもしれませんが、正岡子規と日清戦争従軍記者として中国に赴いた際、目にした「龍門二十品」等の六朝楷書をベースに独学で書を学びながら自身で確立していったものです。

元々は画家でしたが、当時の書道界では一世を風靡し、書でも多くの文人から愛好されました。森鷗外の墓石は遺言により不折が揮毫しています。

また、新宿中村屋、日本盛、真澄といった看板からラベルなど、多くの書が採用されました。

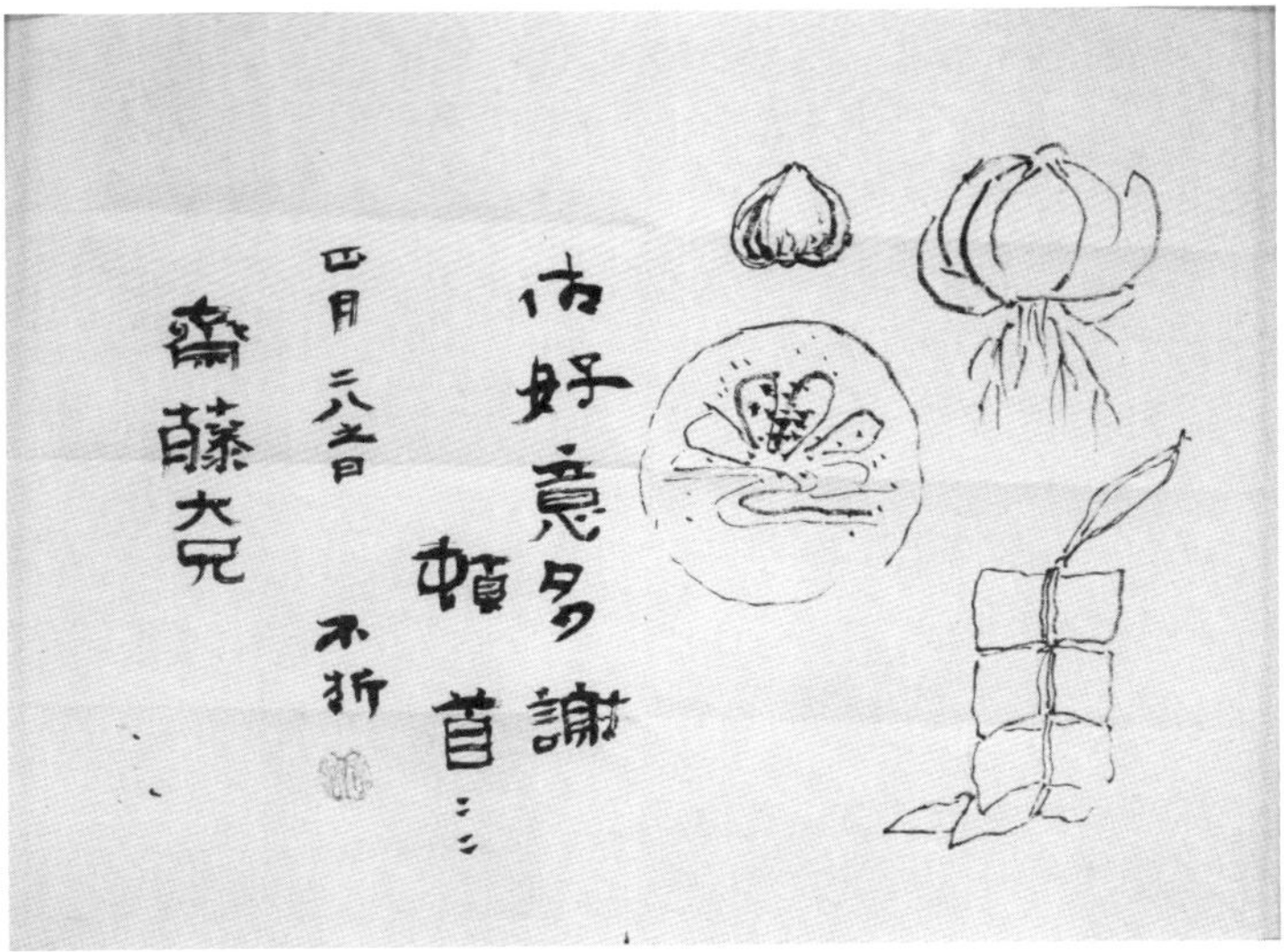

■齋藤宗次郎宛書簡［縦 24.2cm×横 33.4cm］
（釈文）御好意多謝／頓首々々／不折　「不折」朱文印／正月二八之日／齋藤大兄
齋藤宗次郎氏は家族ぐるみでの親交があった花巻の友人で、明治 40 年頃からの手紙が残っている。（本作は、大正8年1月６日の消印）齋藤氏から送られる四季折々の野菜や果物を不折は楽しみにしていた。この手紙は届いた百合根と高野豆腐をスケッチし謝意を書き添えたお礼の絵手紙であり、不折の人柄が偲ばれる。

上手さではなく、その造形美やデザイン性などが高い評価を得ています。彼の書への傾倒は強く、台東区に書道博物館を開設しました。

まさに、個性あふれる書風。そして、一見幼稚そうに見えるものが、独学ながらも古典をベースにしているところにしっかりとした揺るぎないものを見て取れます。

05

夏目漱石

■夏目漱石（なつめ・そうせき）
1867年～1916年／江戸牛込馬場下横町（現在の新宿区喜久井町）に生まれる。23歳・帝国大学英文学科入学。26歳・帝国大学を卒業して東京高等師範学校の英語教師になる。33歳・文部省から英国留学を命じられ渡英。38歳・『吾輩は猫である』を発表。40歳・教職を辞し朝日新聞社へ招聘され入社。49歳・『明暗』執筆途中に胃潰瘍が再発、内出血を起こし、短い生涯を閉じた。

左は夏目金之助（漱石）から妻の夏目鏡子へ宛てた書簡。

家族への手紙ですから、緊張感もなく普段使いの文字感覚が見て取れます。

言葉遣いも身内に向けた文章ですから肩肘も張っておらず、伝えたい事柄を単刀直入に伝えています。

元々漱石は几帳面で神経質な性格から

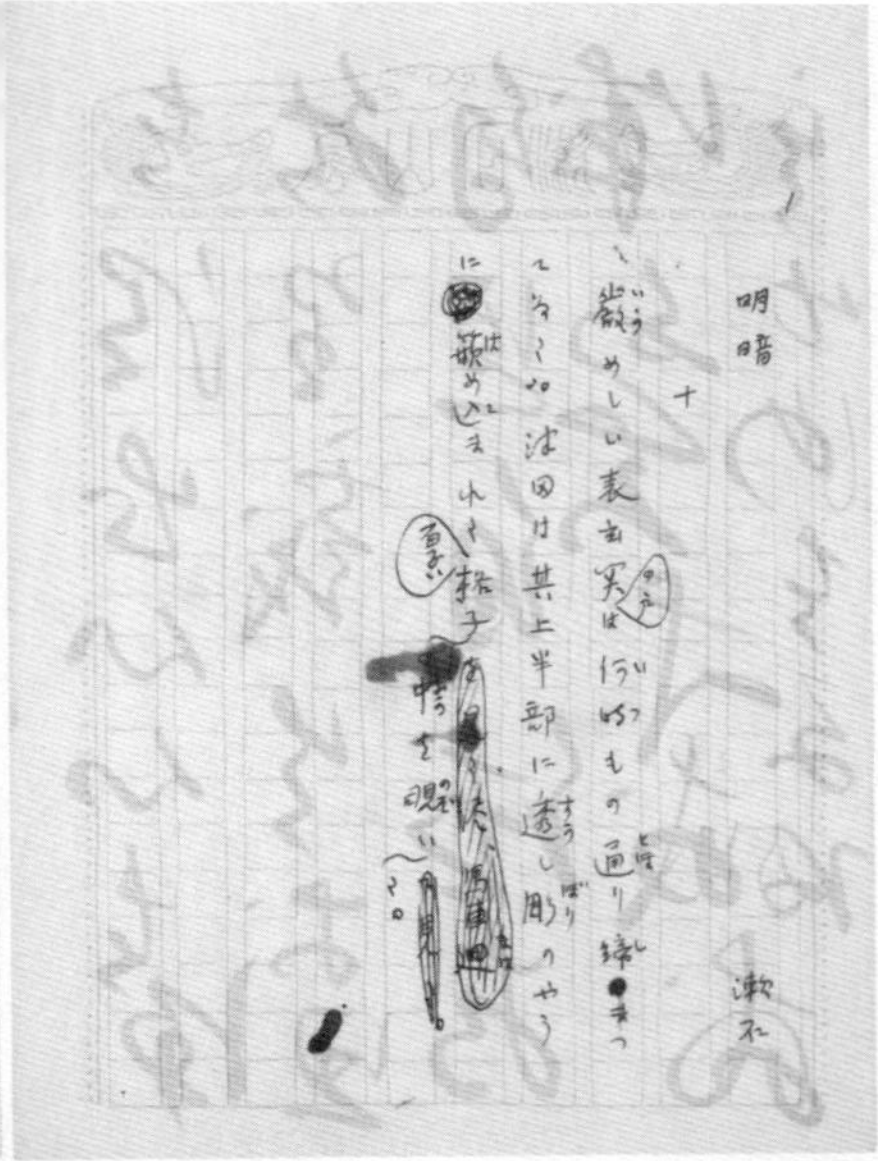

■遺作となった『明暗』草稿のうちの一枚

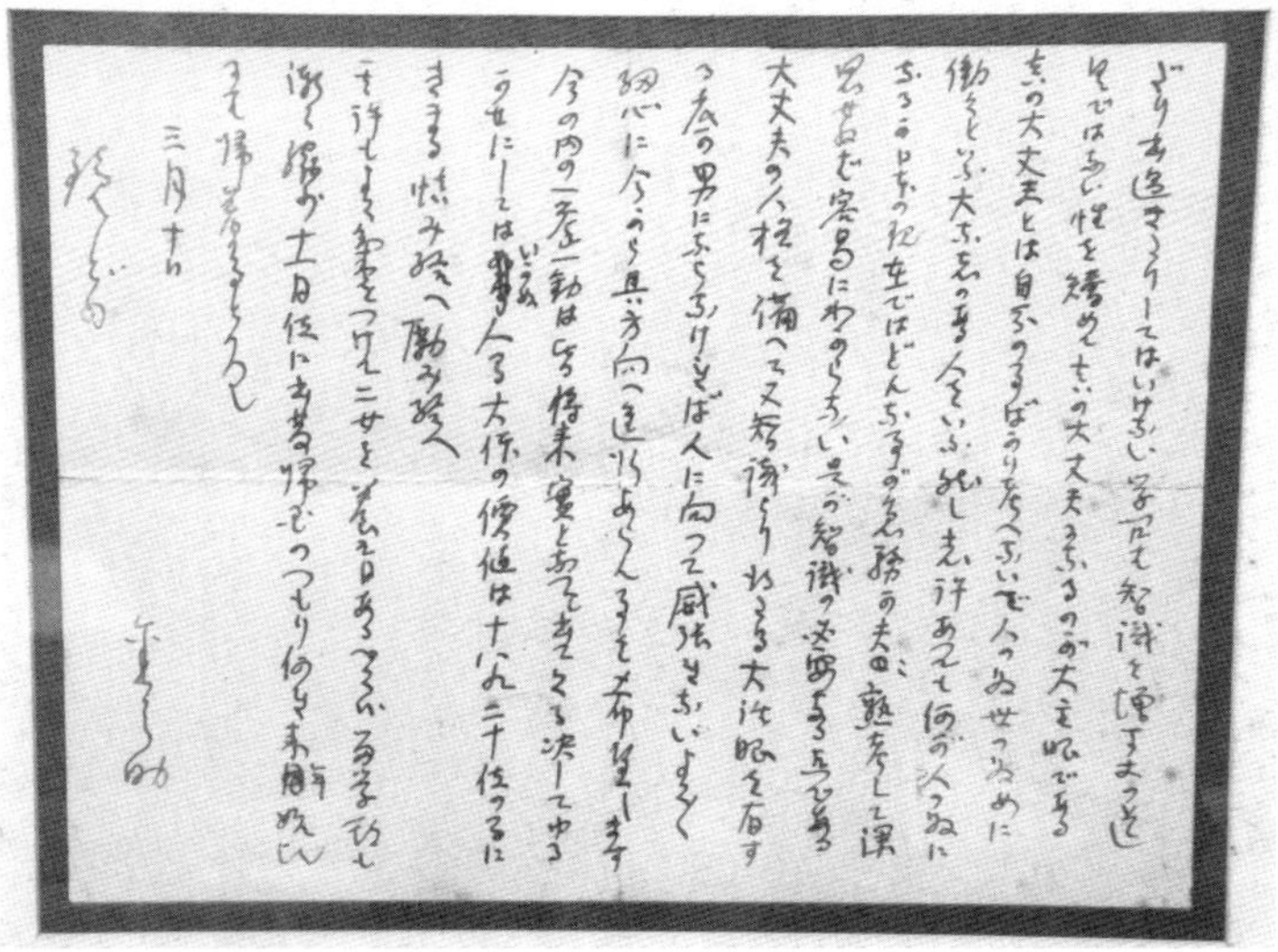

■夏目金之助 鏡子宛て書簡の一部 (明治 35 年 3 月 10 日)

行も真っ直ぐに揃えて書いてあります。

書風は「風」。

変体仮名として「か」→「可」、「な」→「奈」が多用されているのも時代を感じさせます。

今回掲載はされませんが、筆文字の外部向けの書簡は達筆であり、書風も「麗」。

当時より漱石の手は達筆であることで有名でしたが、それと対照的に身内への書簡は読みやすさにも配慮された気取らない書体です。

06 森 鷗外

左の史料は「明治文芸家原稿料請取書」。鷗外の署名である「森林太郎」のサインを見てみましょう。軍医としての側面と文人としての側面。両方が介在していたのですが、ドイツに留学していた経験もあり、かなりグローバルで社交的な要素がこのサインからも見受けられます。

書風は「雅」。比較的細い線で優雅に書かれています。「郎」の最終画は長く、古くは中国の木簡に書かれている線質のように雄大に引かれています。「林」を横に平らに幅広くバランスを取り、「郎」の最終画を縦長に引くことで全体に動きを見せています。一文字へのこだわりよりも全体感で格好のよさを表現しているのが絵画的演出。

■森鷗外（もり・おうがい）1862年〜1922年／号・別称等：林太郎（りんたろう）、鷗外漁史（おうがいぎょし）、観潮楼主人（かんちょうろうしゅじん）。1881（明治14）年東京大学医学部を卒業後軍医となり、ドイツに留学。その後、陸軍軍医総監・陸軍医務局長になり、軍医として最高職についた。小説家、評論家、翻訳家として活躍。代表作に『舞姫』（1890年）、『うたかたの記』（1890年）などがある。

岡本太郎（芸術家）のサインも同じように最終画を伸ばしていますが、鷗外と同様に若くして海外（岡本はフランス）に留学したことに起因しているのかもしれません。

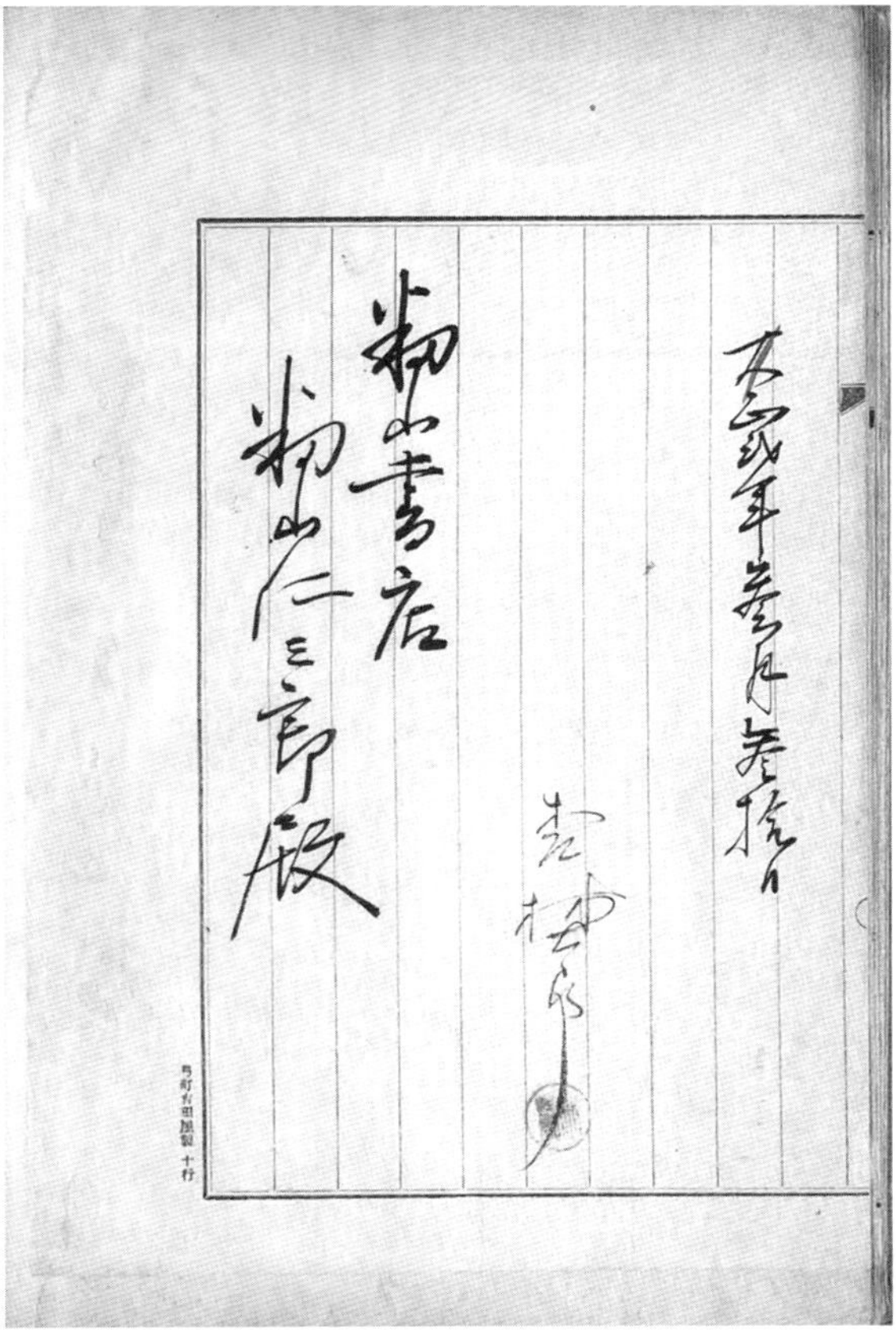
籾山書店
籾山仁三郎殿

■明治文芸家原稿料請取書
出版者：製作者不明
出版年月日：製作年不明

07 芥川龍之介

■芥川龍之介（あくたがわ・りゅうのすけ）1892年〜1927年／号・別称等：澄江堂主人（ちょうこうどうしゅじん）、我鬼（がき）1916（大正5）年東京帝大在学中に発表した「鼻」が夏目漱石に評価され、文壇に登場。卒業後、海軍機関学校で英語を教える傍ら、「芋粥」「奉教人の死」、第一短編集『羅生門』などを発表。1919（大正8）年大阪毎日新聞社社員として文筆活動に専念する。

芥川龍之介といえば、厭世的な印象が否めませんが、文人仲間の間では快活な一面も見せていたようです。この原稿に記名された彼の署名はおそらく普段から書き慣れたものであると思いますが、こちらの書風は「麗」です。かなり早い筆跡で「芥川」の苗字の連続と「之介」を連続して書かれています。文中にある英語はさすが英語教師であっただけに流麗に書かれています。夏目漱石の門下生となったこともあり、中村不折との交流から独特な署名も残っていますが、不折のものとは異なり、線がかなり揺れて不安定な心境も見て取れます。

表現する作品、表現する場によって自分をどう見せていくのかをしっかりと使い分けていたことがうかがえるものです。同一人物であっても年代、出逢いなどによって書体は変化するものです。さまざまな年代の書を見てみることをオススメします。

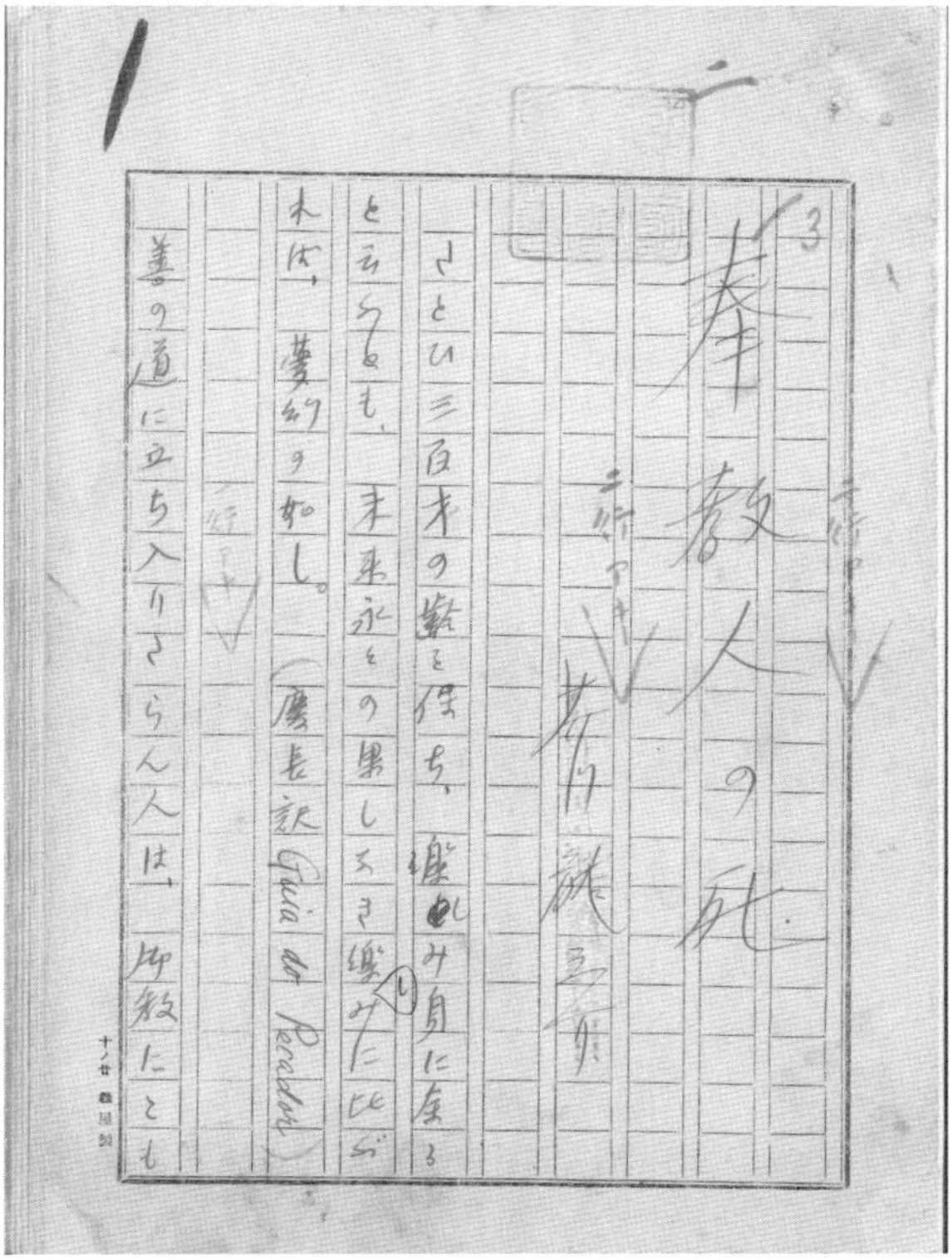
奉教人の死
芥川龍之介
たとひ三百才の齢を保ち、楽しみ身に余る
と云ふとも、未来永々の果しなき楽みに比ぶ
れば、夢幻の如し。（慶長訳Guia do Pecador）
善の道に立ち入りたらん人は、御教にこも

■奉教人の死（自筆原稿）

08

中川一政

■「気宇如王」1978年　紙本／墨
99.0×33.2㎝

■「吾道以一貫」1982年　紙本／墨
36.5×32.0㎝

■中川 一政（なかがわ かずまさ）、1893年～1991年／少年期に詩歌や散文を文芸誌、新聞に発表、入選するなど、文学方面で才能を発揮。ゴッホやセザンヌの作品に触発され、絵を描くようになり、相次いで、当時の新人画家の登竜門だった巽画会展に入選、二等賞を獲得した。1949(昭和24)年、神奈川県真鶴町にアトリエを構えて、約20年間の長きにわたり真鶴半島の付け根にある漁村福浦の風景を描く。

■「われはでくなり」1981年　紙本／墨／着色　35.0 × 58.0㎝
「われはでくなり、つかは（わ）れて踊るなり」というこの言葉は、中川一政が自身の創作にあたって大切にしていた言葉。

97歳の長命で最後まで筆をとった中川一政の書風は「風」。独学でこの絵画のような書の域に達しました。いわゆるヘタウマとも言われる書ですが、そもそも達筆でそれを表に出すことなく、「個」の文字感覚を表現されました。極端に大きな一文字目や紙面いっぱいに文字を配置しつつも白の残し方が絶妙です。まさに画のような書。画家という一側面がありながら書も嗜む二面性が彼の書をさらに魅力的にしています。個性的な文字を書くことは「個」を打ち出すツールになり得るのです。俳優の緒形拳も一政の書画をこよなく愛した一人です。

09 須田剋太

■須田 剋太（すだ・こくた）1906年〜1990年／力強い奔放なタッチが特徴で道元の禅の世界を愛した洋画家。ゴッホと写楽に傾倒し、独学で絵を学ぶ。1949年に抽象絵画の旗手長谷川三郎と出会い、国画会に入り抽象画の道へ進む。1971年司馬遼太郎に同行し、「街道をゆく」の挿絵を描き始める。独自の眼力と精神力、そして奔放で力強いタッチで数多くの作品を1990年84歳まで勢力的に描き続けた。

司馬遼太郎の「街道をゆく」の挿絵画家として一世を風靡した須田剋太の書は、彼の絵画への「念い」と同じ軸で書かれていることが強く感じられる作品です。

日本の書道界で前衛書が盛んになった1950年代に森田子竜、井上有一、江口草玄らの書家と交わり、「原始の書」「続原始の書」といった書論も発表するほど、画家でありながら書に傾倒していった彼の書風は「風」。道元の禅の精神を愛し、その書からは心の底から湧き上がってくる強いメッセージが伝わ

■「秀山堂屋号」書 54cm×24cm

ります。道元の正法眼蔵随聞記にある「無益の事を行じて徒（いたずら）に時を失うなかれ」という、日々を精一杯生き抜く生の力強さがまさに伝わってきます。

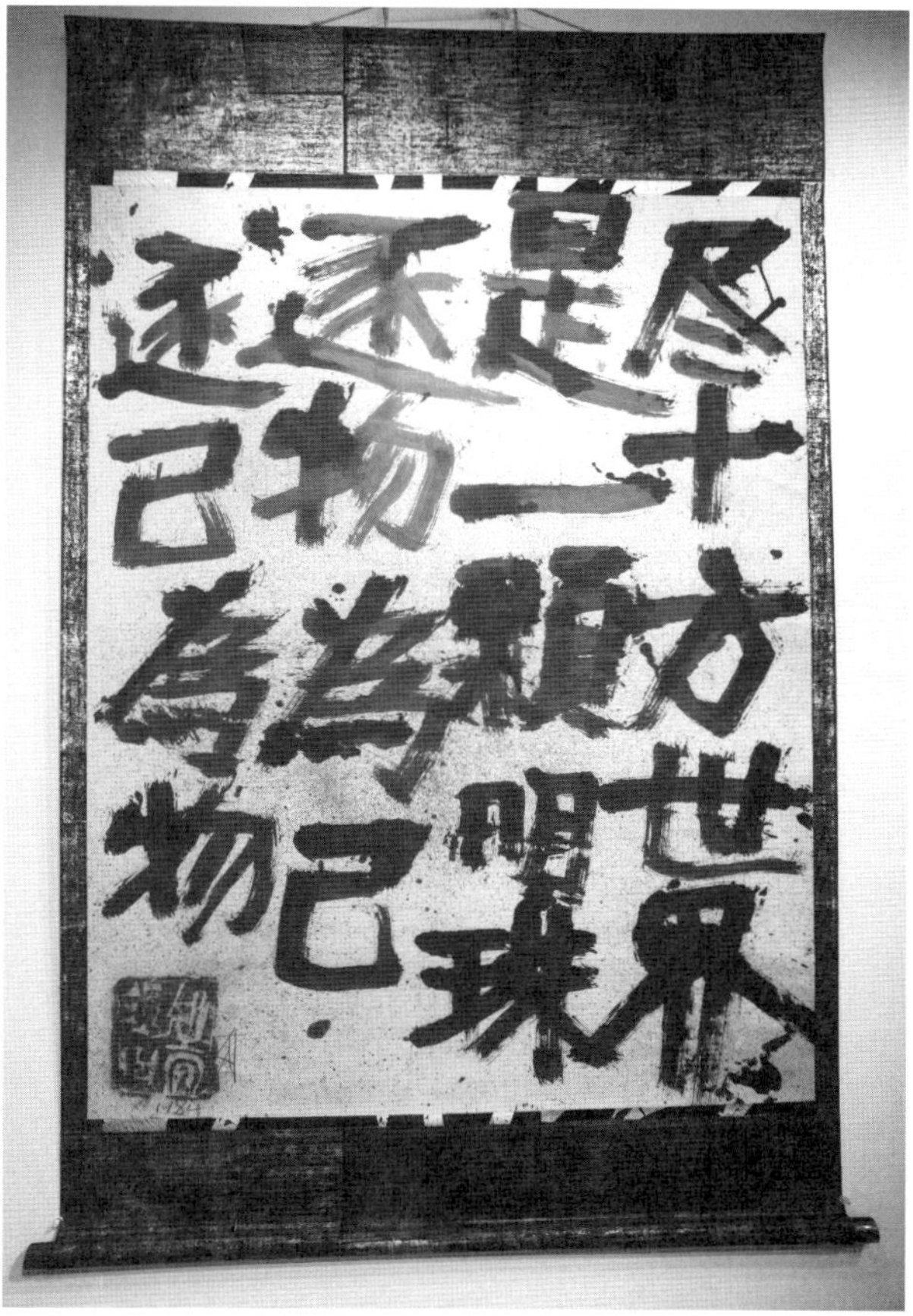

■「尽十方世界」軸装 155cm× 95cm

10 北大路魯山人

■呉須花入

■北大路魯山人（きたおおじ・ろさんじん）1883 年～ 1959 年／篆刻家・画家・陶芸家・書道家・漆芸家・料理家・美食家など多彩な顔を持つ芸術家。本名は房次郎。10 代の頃、書で入賞を重ね、21 歳・日本美術展覧会で一等賞二席を受賞。1925 年には、東京・赤坂に会員制の料亭「星岡茶寮」を開く。茶寮で用いる食器を自ら制作するようになり、その後鎌倉に移った魯山人は、ひたすら作陶に没頭した。

■額墨書「源」

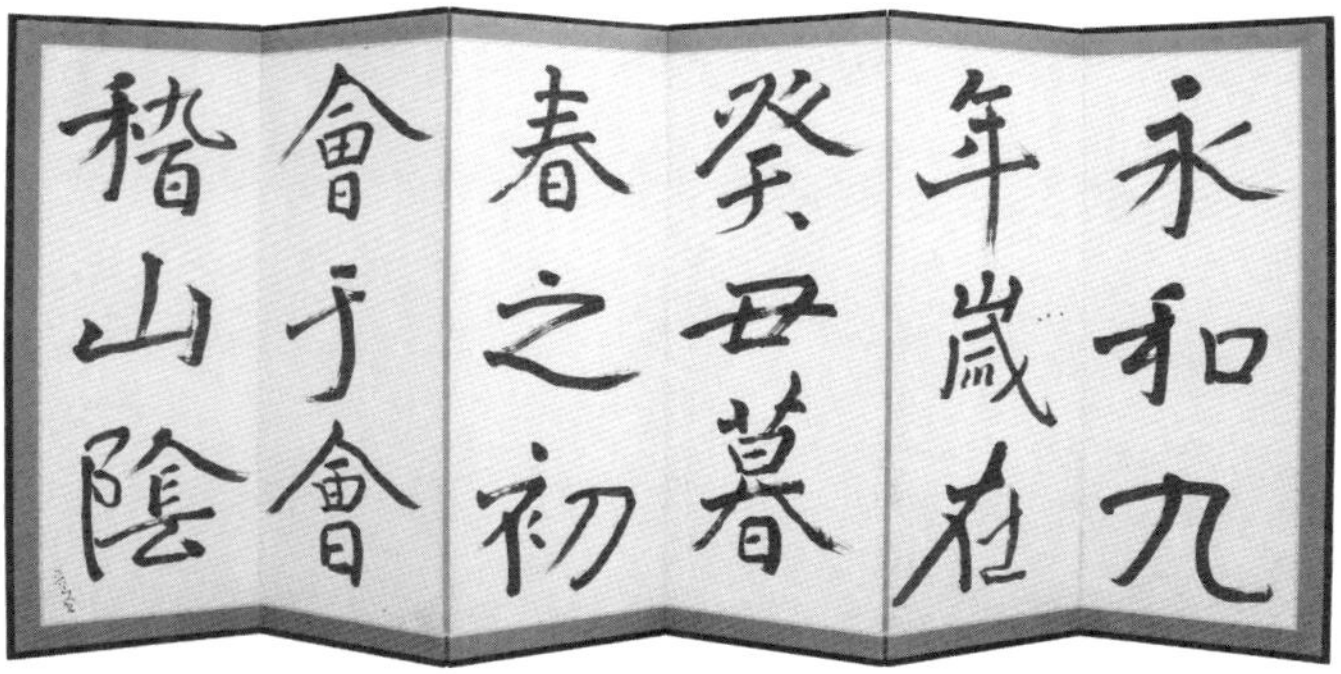

■屏風「蘭亭序」

王羲之の蘭亭序の冒頭部分の臨書になります。魯山人は1908年に朝鮮半島に渡って現地の古碑や上海まで墨跡・篆刻を見て回るほど書家としても高みを目指した芸術家でした。陶芸と食のイメージが強いかもしれませんが、書家として身を立てた時期もありました。こちらの作品の書風は「真」ですが、王羲之の臨書でありながらもオリジナルの伸びやかな線で、元は行書ですが、比較的楷書に近く、しっかりと一線一線を引いています。豪快・天衣無縫・気難しくて虚栄心が強いなどと酷評されることもありますが、自分の「好き」に向き合った方であったと思います。「個」と向き合えば向き合うほど、他者に対してその説明を行わないくらいに向き合ったが故に、オリジナルの孤高の書として他を寄せ付けない主張があります。

11

高村光太郎

1942年の詩集『大いなる日に』から「美は力なり」の言葉。

書風は「真」寄りの「風」。高村光雲の長男でもあり、彫刻家として活躍する一方で詩人としても大成していくのですが、その書風も一筆一筆を刻むように鋭い角ばった転折に特徴があります。

光太郎は書についても手厳しい論説を残していますが、過度な表現よりもシンプルさがよい書であると示しています。この「美は力なり」も同様にシンプルに伝えたいメッセージが伝わってきます。短い言葉と筆文字で「念い」が伝わってきます。

■高村光太郎（たかむら・こうたろう）1883年～1956年／彫刻家の高村光雲の長男として生まれる。本名は「みつたろう」と読む。日本を代表する彫刻家・画家であるが『道程』『智恵子抄』などの詩集が著名で、近現代を代表する詩人として位置づけられる。能書家・芸術家・詩人であるとともに、美や技巧を求める以上に、人間の「道」を探求した人物として敬愛される。

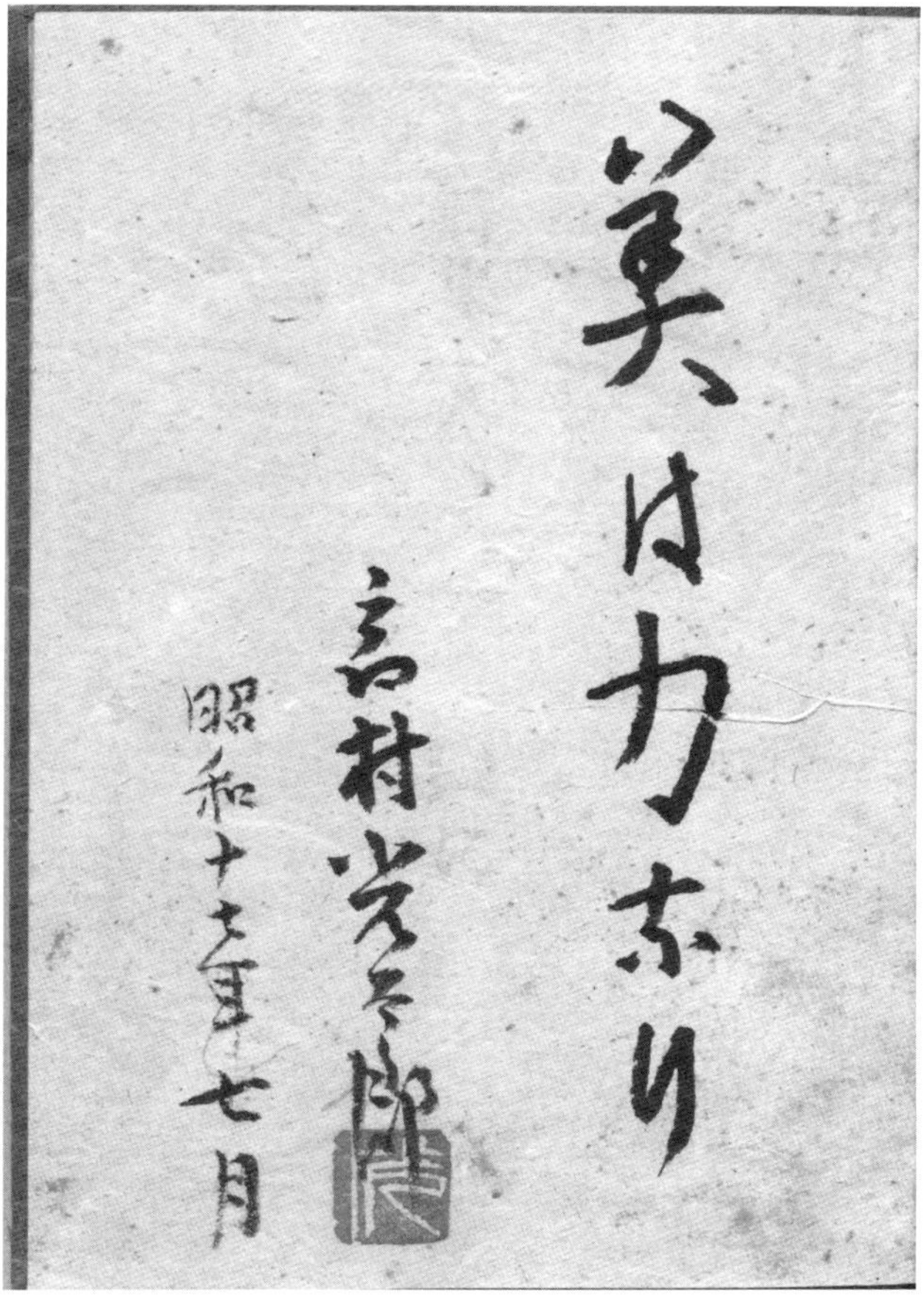

■大いなる日に：詩集
著者：高村光太郎 著
出版者：道統社　出版年月日：1942.4

12 津田梅子

■津田梅子（つだ・うめこ）1864年～1929年／1871（明治4）年日本初の女子留学生の一人として岩倉使節団に同行して渡米。初等・中等教育を受け、1889（明治22）年再び米国に留学し、ブリンマー＝カレッジの生物学選科生となる。1900（明治33）年に女子英学塾（後の津田塾大学）を創立。女性の地位向上こそ日本の発展につながると信じ、女性の高等教育に生涯を捧げた。

左は津田梅子35歳の時の手紙。１９００年1月にアメリカで幼少期より留学中にお世話になっていたランマン夫人への手紙です。同年9月に現在の津田塾大学にあたる「女子英学塾」を設立します。帰国して日本とアメリカの差異にカルチャーショックを受け、悩みながらも力強く歩んでいくその生き様や、自由闊達な性格が文字にも表れています。書風は「麗」。筆記体で流麗に書かれながらも、ところどころ文字の中の白を潰していたり、書き損じてもそのまま書き続けているなど、育ての親であるランマン夫人を本当の親のように慕って手紙を書いているように見受けられます。右に長く伸ばす収筆（文字の最終画）は未来志向の表れです。

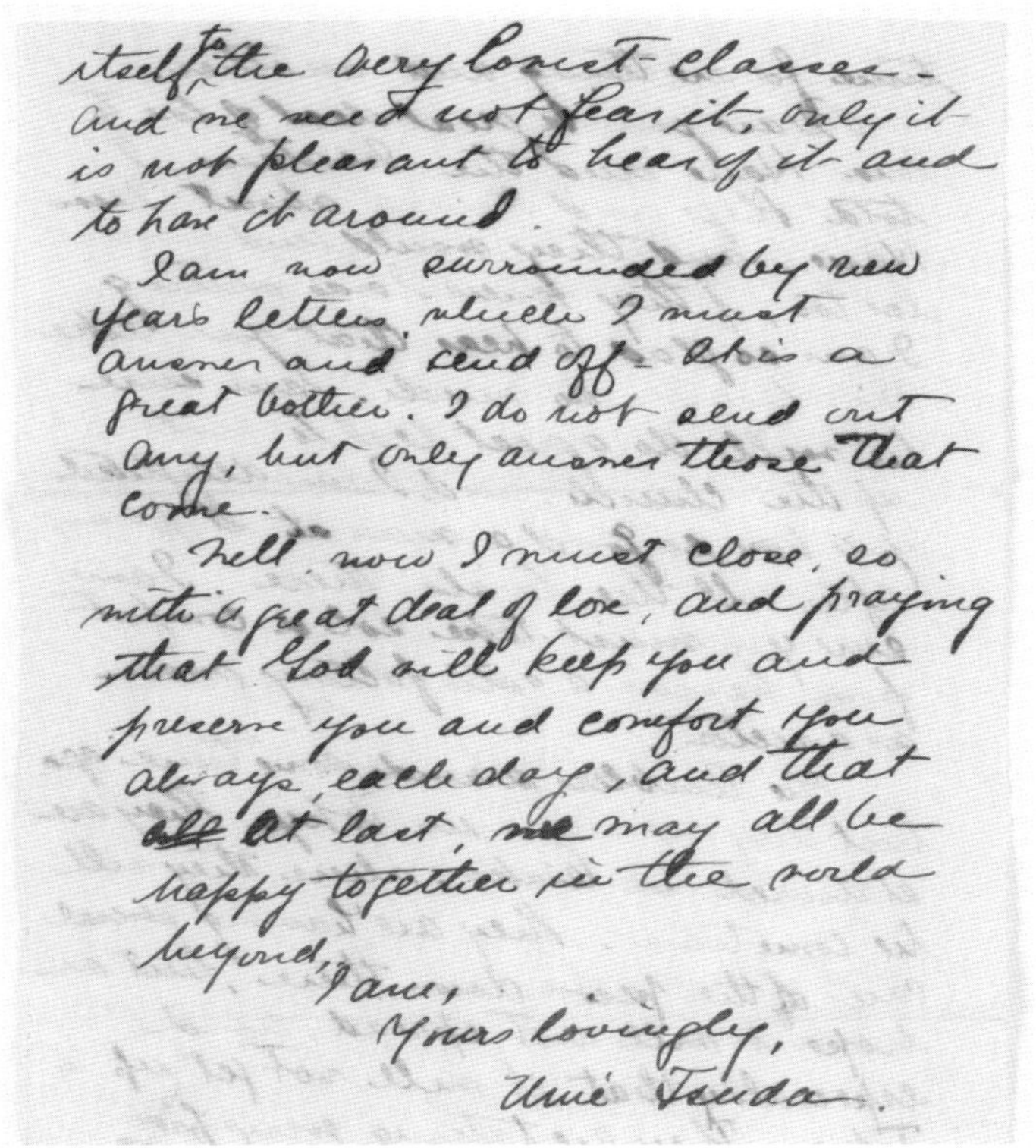
itself to the very lowest classes.
And we need not fear it, only it is not pleasant to hear of it and to have it around.

I am now surrounded by new years letters, which I must answer and send off. It is a great bother. I do not send out any, but only answer those that come.

Well, now I must close, so with a great deal of love, and praying that God will keep you and preserve you and comfort you always, each day, and that ~~all~~ at last, we may all be happy together in the world beyond,

I am,
Yours lovingly,
Umé Tsuda.

■育ての親のランマン夫人に宛てた、津田梅子 35 歳の時の手紙（1900 年 1 月）

13 西周

■西周（にし・あまね）1829 年〜1897 年／号・別称等 ：周助（しゅうすけ）啓蒙思想家。父は津和野藩医。藩校や大坂で儒学を学んだのち、江戸に出てオランダ語、英語を習得。1862（文久 2）年から1865（慶応元）年までオランダ留学。1868（明治元）年『万国公法』を訳刊。元老院議官、貴族院勅選議員。西洋哲学、論理学等の導入者として、多くの術語を考案した。

哲学者として近代日本を開いていった西周ですが、その書風は「麗」で端正に丁寧に文字を続けています。彼は篤実（とくじつ：情があつく誠実なこと）で絶えず勉強をする向上心の強い方でした。

こちらは議題の草案ですから、かなりしっかりと書き込まれています。草案であっても世の中を変えていく時代背景から、この先の未来をどう示すかといったことが日夜議論されていた中で、その「念い」が、一文字一文字に込められています。

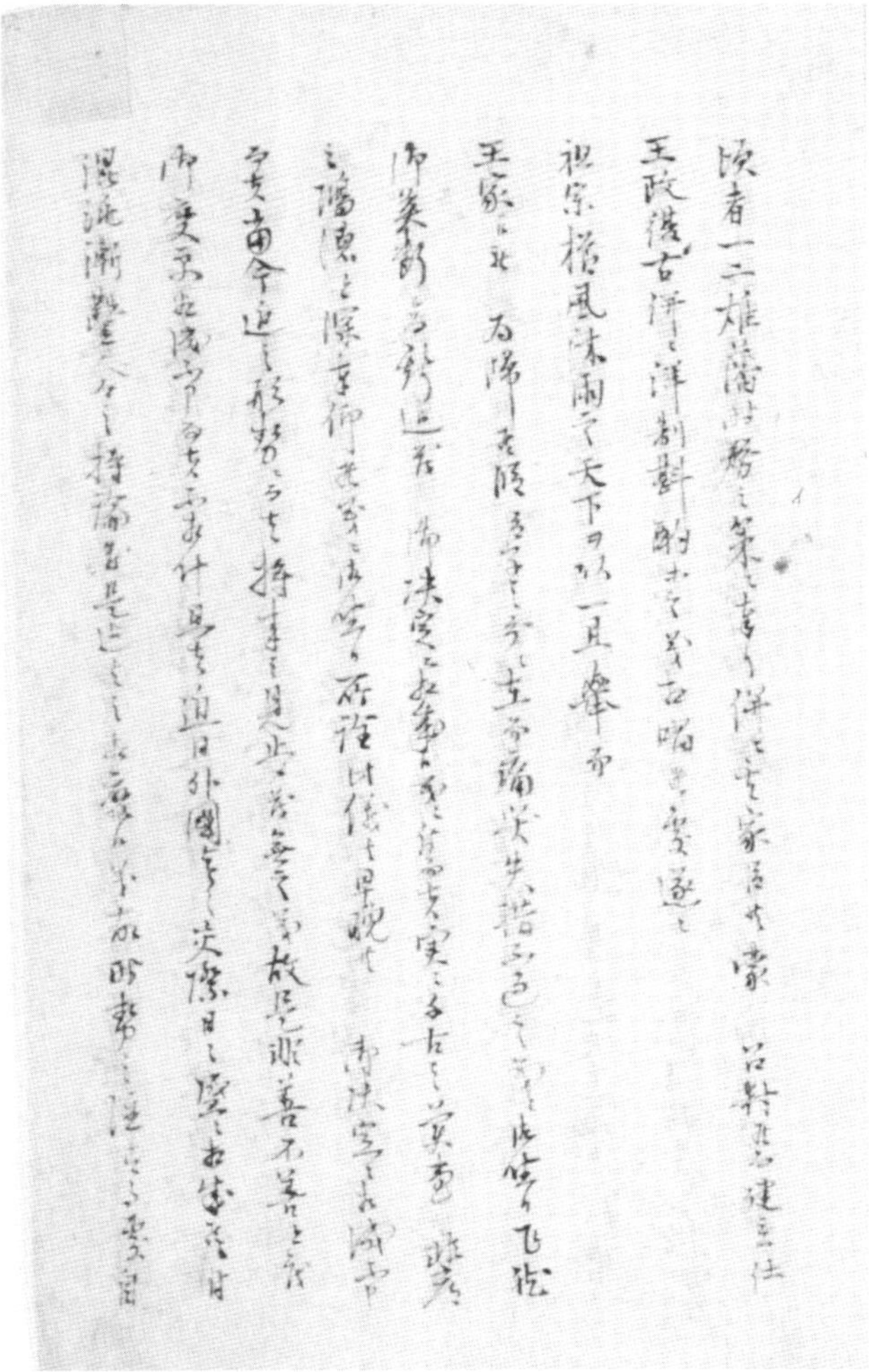

■議題草案
作成者 :〔西周〕宛先 :〔平山敬忠〕〔慶応 3 年 11 月〕
記述法 : 墨書　備考 : 自筆

14

岡倉天心

岡倉天心は明治期に日本の美術界を牽引した人物であり、その志は若い時から絶えず高みを見据えていました。当該漢詩の書風は「風」。左利きの特徴である、右下がりの書風は文字を書く上で非常に苦労したこともあったかと思いますが、独特のフォルムで絵画的なバランスをとっています。特に「自」や「見」「吾」のように四辺で囲まれる四角い造形の四隅をすべてつなげてその中の白の形を変化させるのも「個」。実は福井藩の武家の出でもあり、筆者も同郷でつながりもあるせいか、牧歌的な様相も含みながら、世界の中の日本、アジアの中の日本というグローバルの視点と自由さが溢れているところが魅力のように感じます

■岡倉天心（おかくら・てんしん）1863 年～ 1913 年／日本の伝統美術の優れた価値を認め、美術行政家、美術運動家として近代日本美術の発展に大きな功績を残した。日本画改革運動や古美術品の保存、東京美術学校創立、ボストン美術館中国・日本美術部長就任。自筆英文著作『The Book of Tea』などを通して、東洋や日本の美術・文化を欧米に積極的に紹介した。晩年、茨城県五浦に居を構えた。

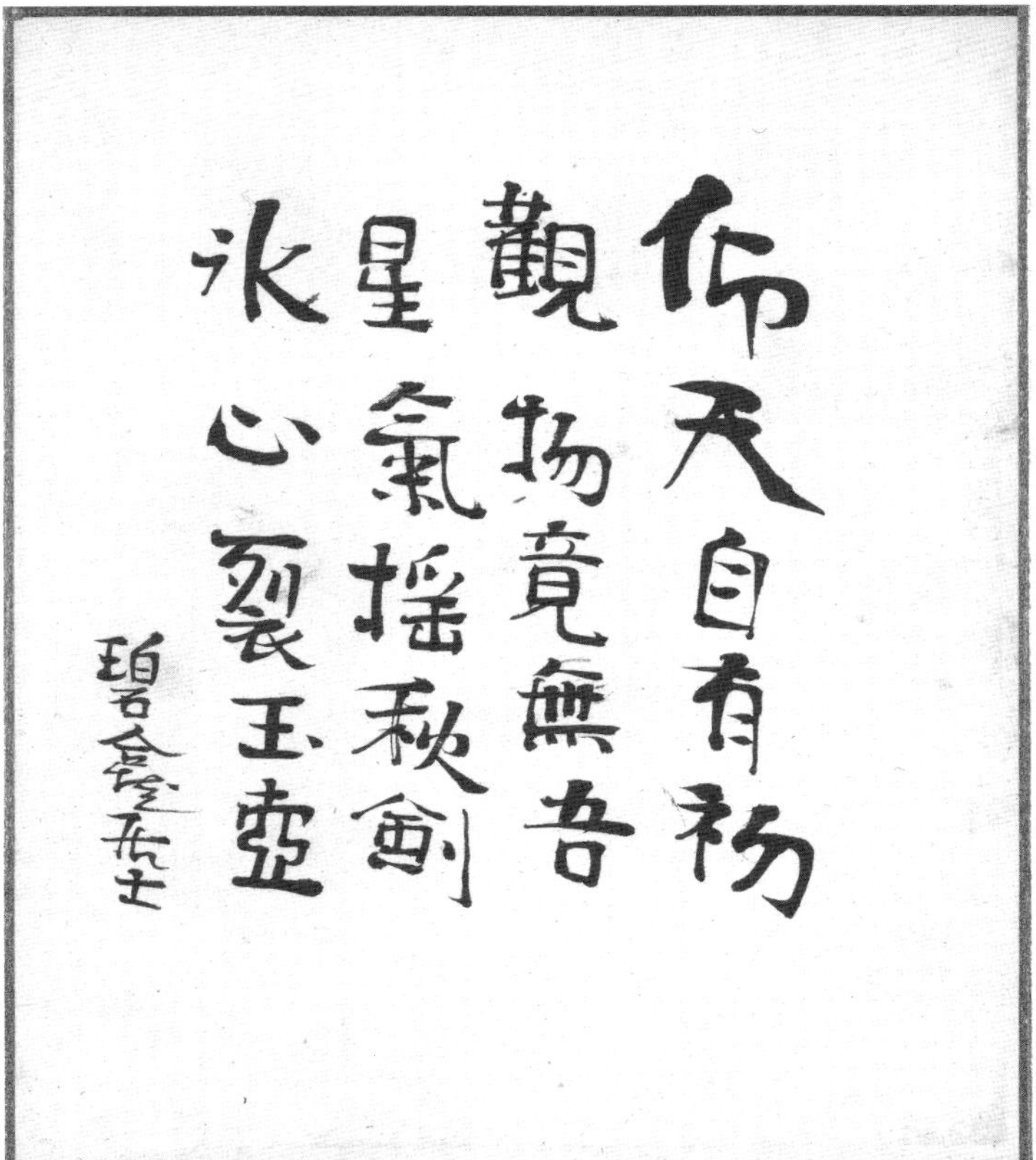

■天心自筆の漢詩（無題・大正元年頃。署名入り。ただし天心の別号「碧龕」を使用）

15 内村鑑三

■内村鑑三（うちむら・かんぞう）1861年～1930年／札幌農学校卒業後、農商務省等を経て米国へ留学。帰国後の1890（明治23）年第一高等中学校嘱託教員となる。教育勅語奉戴式で拝礼を拒んだ行為が不敬事件として非難され退職。以後著述を中心に活動した。『聖書之研究』を創刊。聖書研究を柱に既存の教派によらない無教会主義を唱える。主な著作は『日本及び日本人』（1894年）など。

I for Japan, Japan for the World, The World for Christ, And All for God　内村鑑三の墓碑に刻まれている言葉です。この言葉にあるとおり、神に捧げるべく、多くの数奇な人生を歩まれましたが、この手書きからは漢字10に対してひらがなが3くらいの変化のある書きぶりです。文字も丸みを帯び、一文字一文字が扁平で転折も柔らかい筆跡です。また、文字を連綿して続けることなく、一文字一文字を丁寧に書いているのが見て取れます。文字的には、中国の後漢の時代の書家である鍾繇《しょうよう》の文字に近しいものが見て取れます。書風では「真」寄りの「風」といったところでしょうか。あまり気取らないところに好感が持てる書風です。

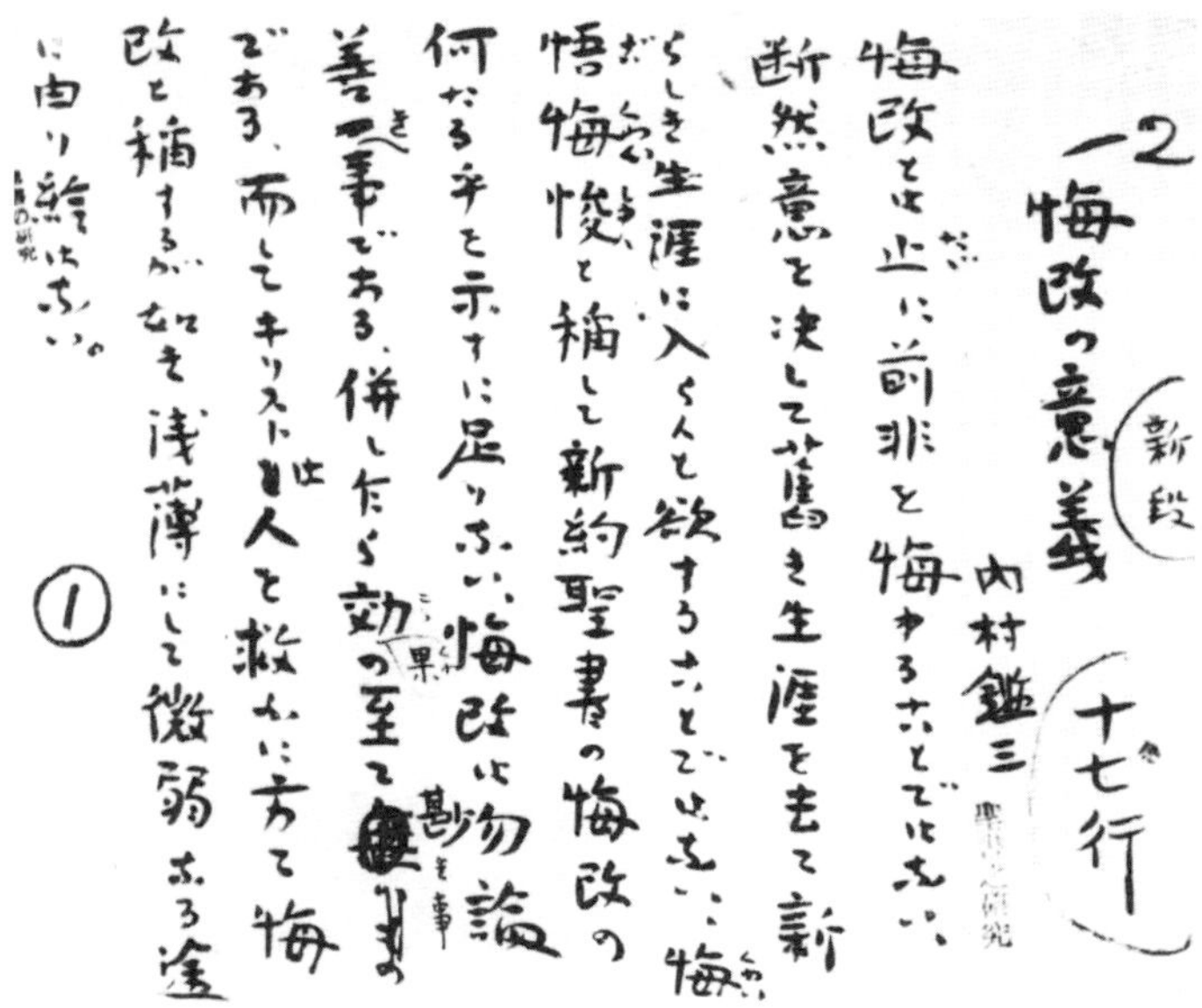
－2
悔改の意義
新段
内村鑑三
十七行
悔改とは止《だ》に前非を悔ゆることではない、
断然意志を決して旧き生涯を去て新
らしき生涯に入らんと欲することではない、悔
悟悔悛と称して新約聖書の悔改の
何たるかを示すに足りない、悔改は勿論
善き事である、併したら効果の至て尠き事
である、而してキリストは人を救ふに方て悔
改と称するが如き浅薄にして微弱なる途
に由り給はない。
①

■内村全集．第 1 巻
著者：内村鑑三 著　出版者：警醒社書店　出版年月日：大正 8

16 新渡戸稲造

■ドイツ語の書「Eile nicht, Weile nicht. Inazo Nitobe」（ゲーテの詩の一節より）

■新渡戸稲造（にとべ・いなぞう）1862年～1933年／教育者・思想家で国際連盟事務次長も務めた。著書に『Bushido: The Soul of Japan』がある。東京女子大学初代学長。東京女子経済専門学校（東京文化短期大学・現：新渡戸文化短期大学）初代校長。1891年にアメリカ人女性メアリー・エルキントンと結婚した。写真は五千円札肖像画の基となった新渡戸稲造夫妻の写真。

「見る人の 心ごころに まかせ置きて 高嶺にすめる 秋の夜の月 稲造」。行を揺らしたり、行頭の変化を激しくつけたりせずに、実直に、真っ直ぐに書きあげる運筆は潔さがあってスッとする作品です。

書風は「麗」寄りの「風」です

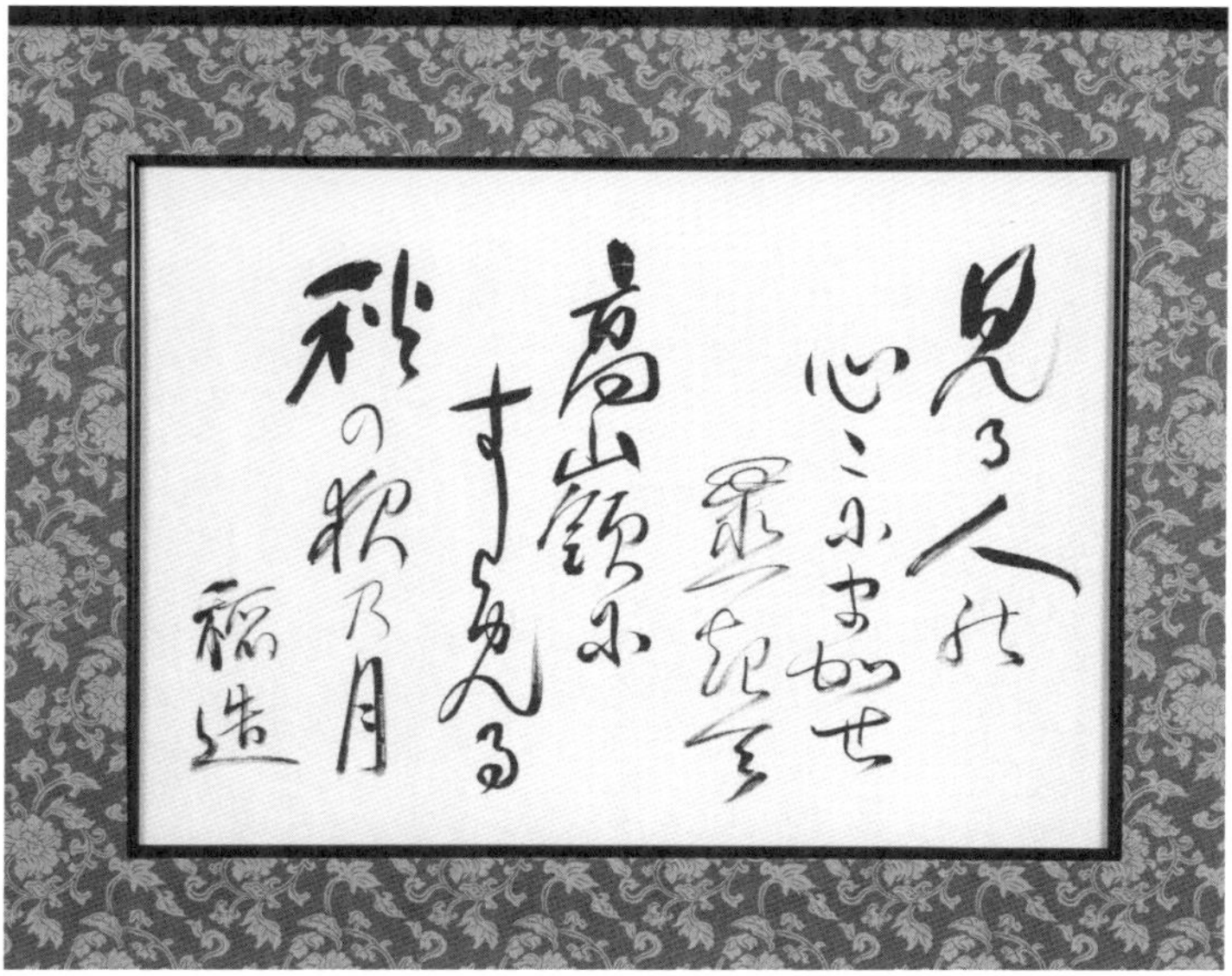

■愛吟の古歌の書「見る人の　心ごころにまかせ　置きて 高嶺に　すめる　秋の夜の月　稲造」

が、「見」「高」「秋」の三文字に墨が乗り、かすれてゆくパターンも技巧に走らずに作者の実直さが見えてきます。

教育者として次の世代へ何を残していくのかを書に込めておおらかな運筆が特徴です。

訳：高い山の上に見える秋の夜の月は、見る人によってさまざまな印象を持つもの。（他の人がどのように言おうとも、自分は自分の夢に向かって行く）

17 富岡鉄斎

■富岡鉄斎（とみおか・てっさい）1837年～1924年／号・別称等：鉄史（てっし）、鉄崖（てつがい）、百錬／国学・儒学・仏典を修め、歌人太田垣蓮月に学ぶ。1868（明治元）年から各所の神社宮司を務め神社復興に尽力。以降は京都に戻り、学問と画業に専念し、南画壇の重鎮となった。1917（大正6）年に帝室技芸員、1919（大正8）年に帝国美術院会員。最晩年まで盛んな制作活動を行い、独自の画境を築きあげた。

最後の文人とも言われた富岡鉄斎の書は、躊躇ない筆運びと文字の大小の変化で圧倒されます。画のほうが評価は高いですが、「弘法大師が存命ならば、書についてわしとよく話が合うだろう」というほど書には覚えがあることを仰っています。

書風は「麗」寄りの「風」です。本書掲載以外にも多字数作品が多く残されており、自由に型にはまることなく紙面を自由に捉えています。鉄斎は画のために中国に油煙墨を特注依頼していました。「鉄斎翁書画寶墨」（通称「鉄斎」）はその後大量に制作され、私が学生時代から書を書く際にはこの「鉄斎」を愛用して作品を制作しています。文人である鉄斎の気概に少しでも近づけられたらとの「念い」を抱きながら。

■胎 [タン] 墨戯　著者 : 富岡鉄斎 著
出版者 : 富岡鉄斎　出版年月日 : 大正 14

18
石井亮一 石井筆子

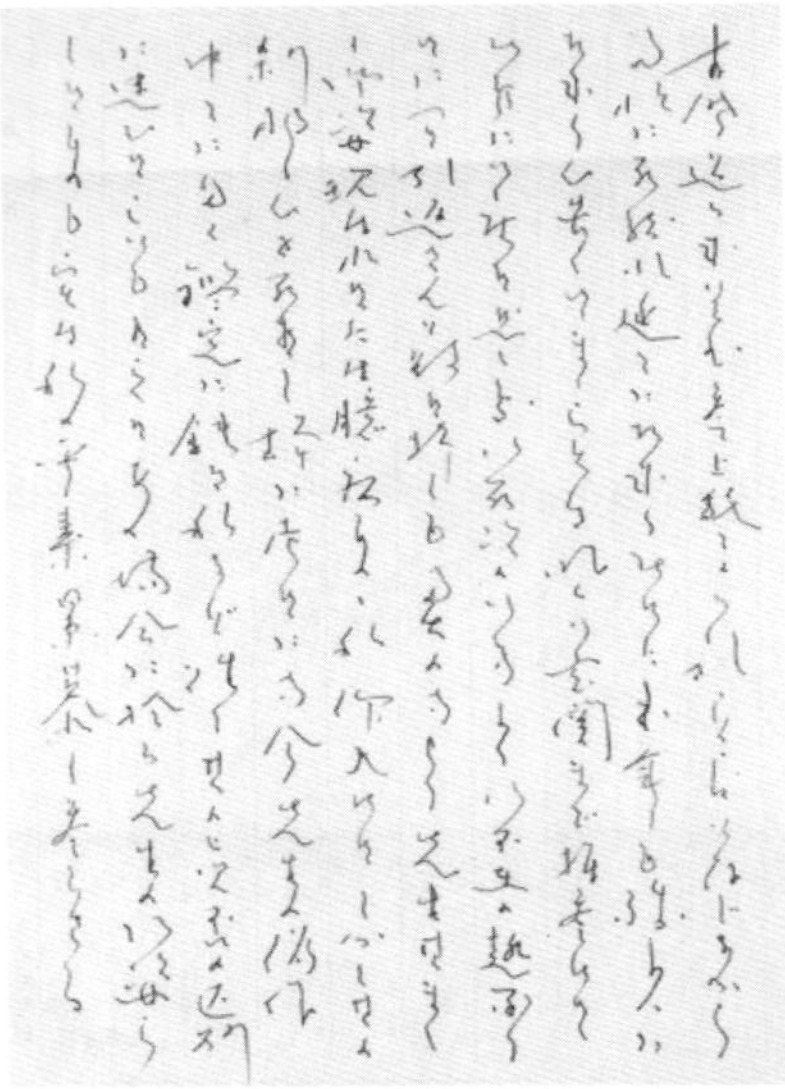

■亮一による、中村糸子（中村不折の妻）宛書簡

■石井亮一（いしい・りょういち）1867年～ 1937 年／日本における知的障害児者教育・福祉の創始者として知られ、現在の社会福祉法人滝乃川学園・公益財団法人日本知的障害者福祉協会の創設者。

■石井筆子（いしい・ふでこ）1861 年～ 1944 年／近代女子教育者・日本初知的障害者福祉創始者の一人。娘の 2 人に知的障害があり、娘を石井亮一が主宰する滝乃川学園に預けていた経緯から、亮一の人間性に惹かれ再婚した。晩年には夫の遺志を継ぎ 1937 年 10 月 76 歳の高齢で第 2 代学園長に就任する。学園は戦争を乗り切り現在に至っている。

日本で最初の知的障害児者のための教育・福祉施設である滝乃川学園を設立した石井亮一の字は筆子とは異なり、書風は「雅」で柔和な仮名の要素が見受けられます。直線も揺らし、文字数を多くして紙面全体で作品となるような表現をされている

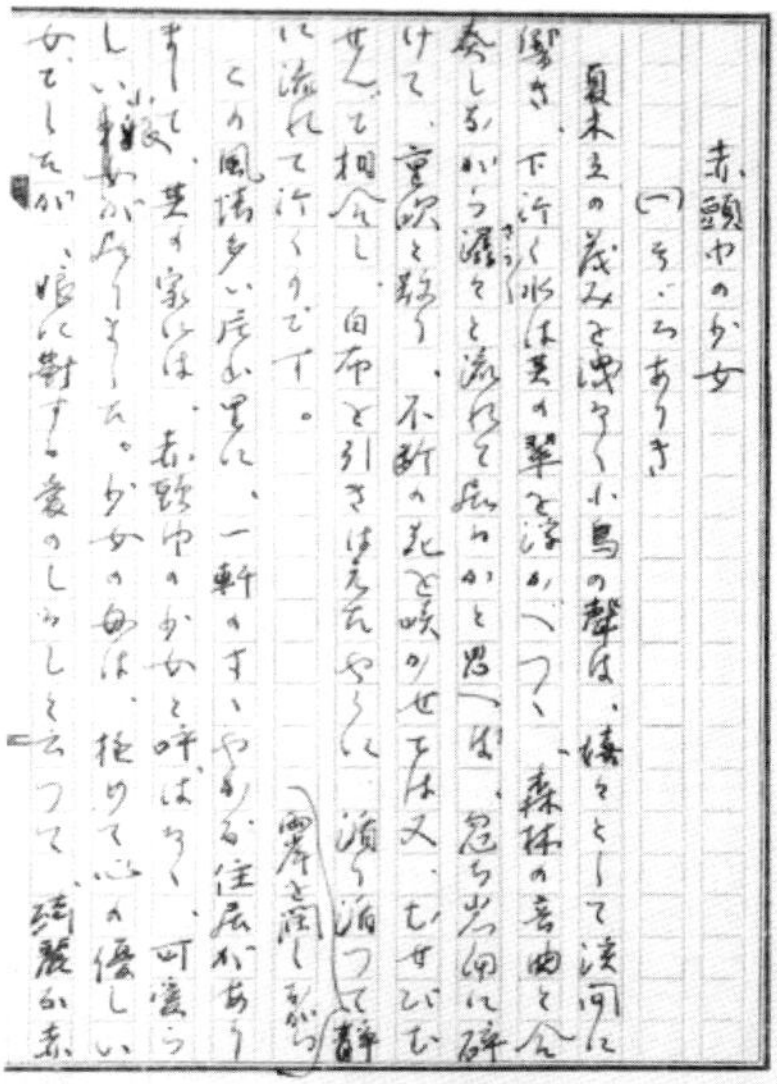

■筆子による『赤頭巾の少女』の翻訳原稿

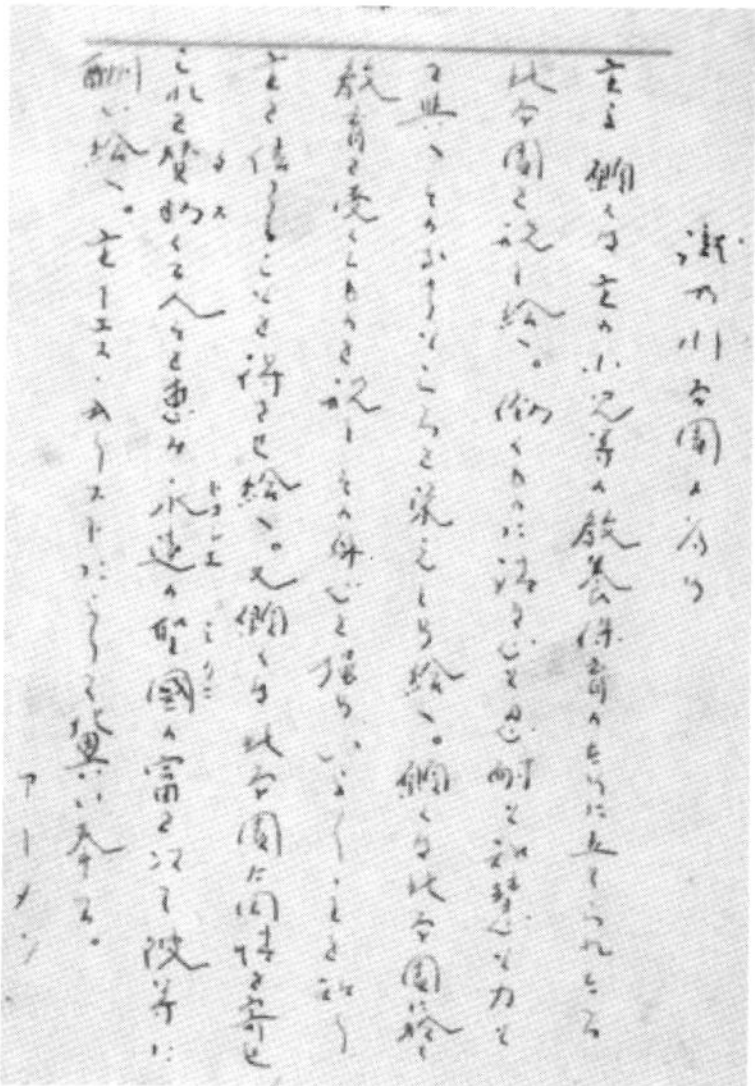

■亮一による「滝乃川学園の為め」

感じです。

筆子の文字は亮一と異なり、筆致から力強さが感じられます。書風でいうと「麗」になります。

実子に障害があった筆子は、最初のご主人も早くに亡くされたこともあって、時代背景からすると障害児蔑視を打破していく強さが求められた分、その書風にも影響が色濃く出ていると思われます。

日本で初めて、事を成す際の「念い」は必ず手書きに現れることを感じますが、何を志とするかを自分に問われるような気がします。

19
吉田 茂

■吉田 茂（よしだ・しげる）1878年～1967年／東久邇宮内閣、幣原内閣で外務大臣を務め、内閣総理大臣に就任する。1946年5月22日～1947年5月24日と1948年10月15日～1954年12月10日にわたり在任。強いリーダーシップで戦後混乱期の日本を牽引し、日本の基礎を築いた。戦後、内閣総理大臣を一度退任した後、再度着任した事例は、吉田茂と安倍晋三の二人のみである。

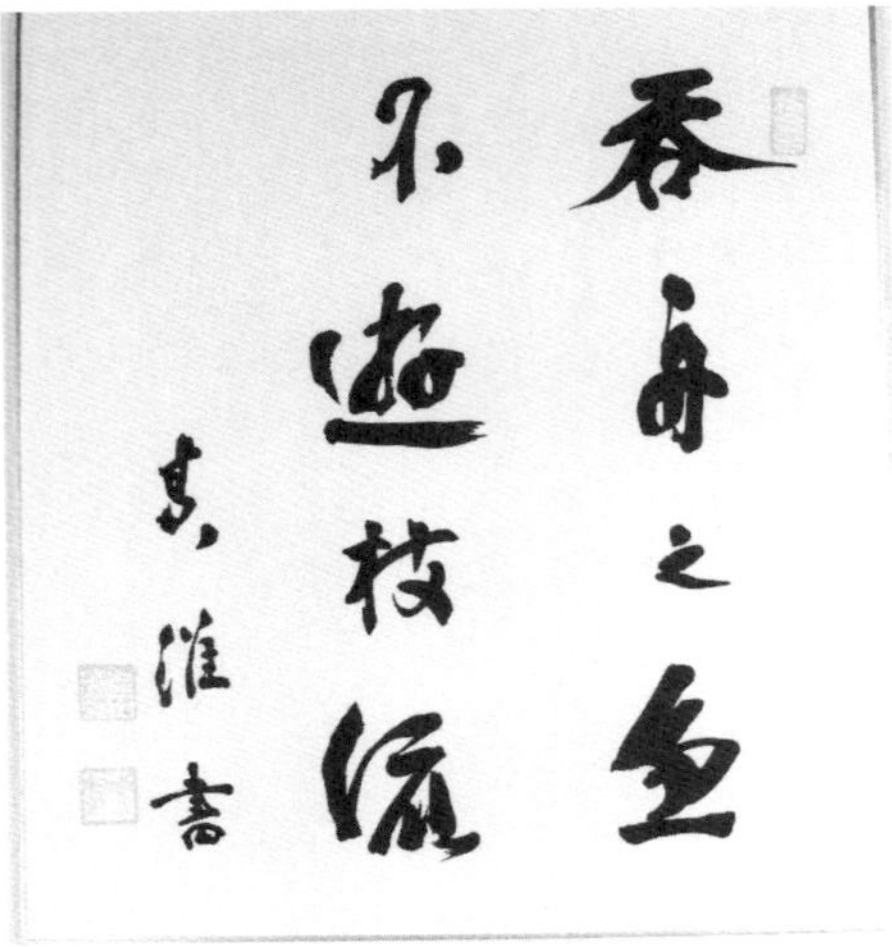

■呑舟の魚は枝流に游がず（どんしゅうのうおはしりゅうにおよがず）「大人物は高邁な志を抱き、小事にこだわらない」という意味。『列子』楊朱篇からの引用

左は法学者である田中耕太郎に宛てた書簡です。

68歳で政治家となり、その5年後にサンフランシスコ平和条約、日米安全保障条約の締結へと進んでいきますが、大英断を行う胆力の強さだけでなく、相手を敬い、丁寧に接することも十分なされる気遣いの方で

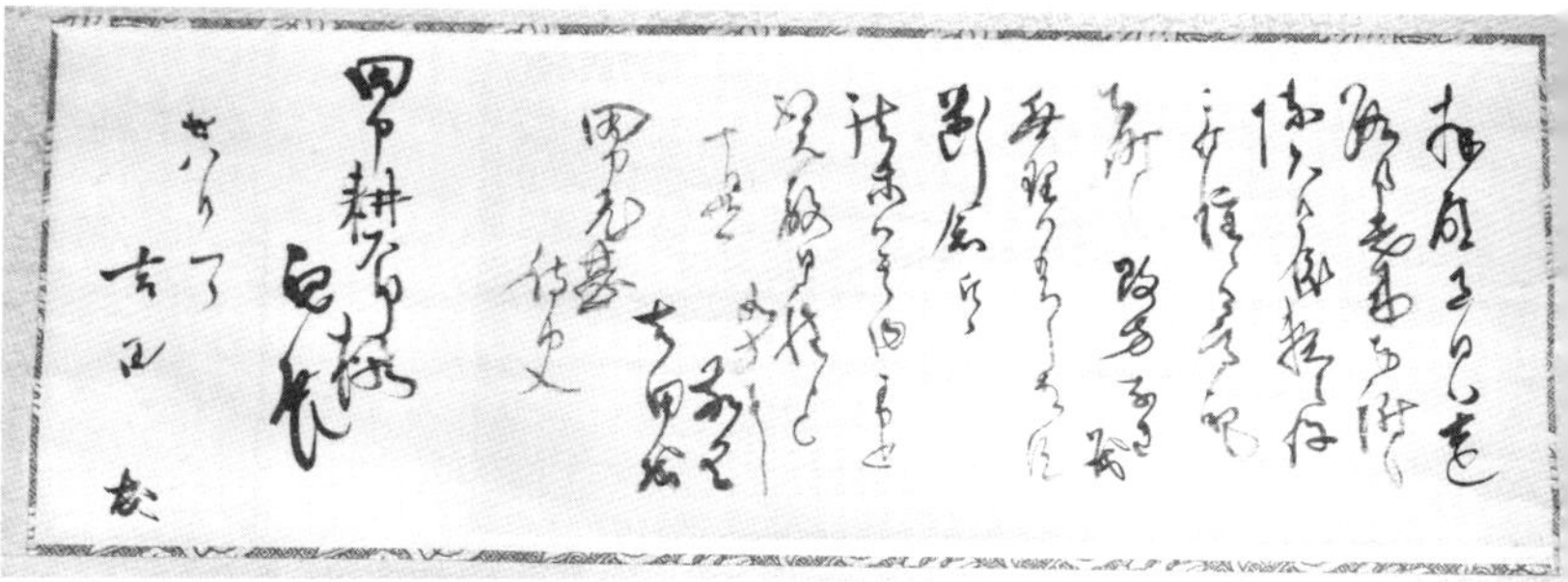

■田中耕太郎宛吉田茂書簡　拝啓過日ハ遠路御光来奉謝候、陳者御依頼之件ニ付種々御高配奉謝候、致方なきも無理ハよろしからす断念仕候　結末ハ其之内可申上、不取敢御礼迄如此ニ御座候　敬具　七月三十日　吉田茂　田中老台　侍史
〔現代語訳〕拝啓先日は遠くからのご来訪お礼申し上げます。さて、ご依頼の件については種々のご高配御礼申し上げます。致し方ないことですが無理はよくないので断念いたします。結末はその内申し上げます。取り敢えずお礼まで、このように申し上げます。
＊田中耕太郎…法学者。第一次吉田茂内閣の文部大臣を務める。文部大臣就任期間は昭和二一年五月二二日〜昭和二二年一月三一日。のちに、参議院議員、最高裁判所長官、国際司法裁判所判事を歴任。

もあったと思われます。書風は「麗」で草書体で揮毫されています。

時の首相が直筆で礼状を送られる。いただく方も光栄なことでしょう。草書体は、相手にも読める素養がなければ当然送れません。現代においては草書体で書簡を送ることは少なくなっています。

書簡中央に位置する「断念」という文字が、ひときわ他の文字よりも大きく太く感じませんか？　ここに今回の口惜しさも文字から伝わってくるようです。

20

小村寿太郎

■小村寿太郎の花押　小村寿太郎は「寿」の文字を崩して花押をデザイン。船旅を好んだ寿太郎らしく、その形状が帆掛け船に似ていたことから、外務省官員の間では寿太郎の「帆掛け船」と呼んでいた。

■小村壽太郎の関防印「高山流水」出典は『列子』湯問　関防印とは、書に向かって右上に捺されている印のこと。自分の好きな言葉や座右の銘、祝い言葉や、自戒の言葉など、好きな言葉を刻んだ。中国春秋時代、琴の名手である伯牙が高い山を思いながら演奏したところ、友人の鐘子期がその心を感じとり「まるであの高い泰山（中国で信仰の対象となっている山）が眼前にあるようだ」と評した。今度は川の流れを思いうかべながら演奏したところ、再び鐘子期が「まるでとうとうと流れる大河が眼前にあるようだ」と感心した。伯牙は自分と気持ちが通じあった鐘子期が世を去った時、琴を打ち壊し、弦を断ち切って生涯琴を弾かなかったという。寿太郎は自分の思いに共感してくれる人々のことを思って、この言葉を関防印に選んだのだろう。

■小村寿太郎（こむら・じゅたろう）1855年～1911年／外務大臣。日向国飫肥藩（現在の宮崎県日南市）に生まれる。ハーバード大学へ留学し法律を学ぶ。帰国後は司法省を経て、1884年に外務省に移る。外務次官、駐米・駐露公使を歴任。1905（明治38）年の日露戦争の講和条約（ポーツマス条約）にはポーツマス会議日本全権としてロシアの全権ウィッテと交渉し、条約を調印した。

小村寿太郎の花押は名前の「寿」の文字を崩して作られているそうです。船旅を好んだ寿太郎らしく、その形状が帆掛け船に似ていたことから、外務省官員の間では寿太郎の「帆掛け船」と呼んでいたとか。関税自主権の回復、ポーツマス条約の締結など、外務大臣としてその重責を全うしていきますが、世界を舞台に活躍する姿を自身の花押（かおう。現代のサイン）に「念い」を込めることで、周りの同僚の方々にも伝わっていた素敵なエピソードです。

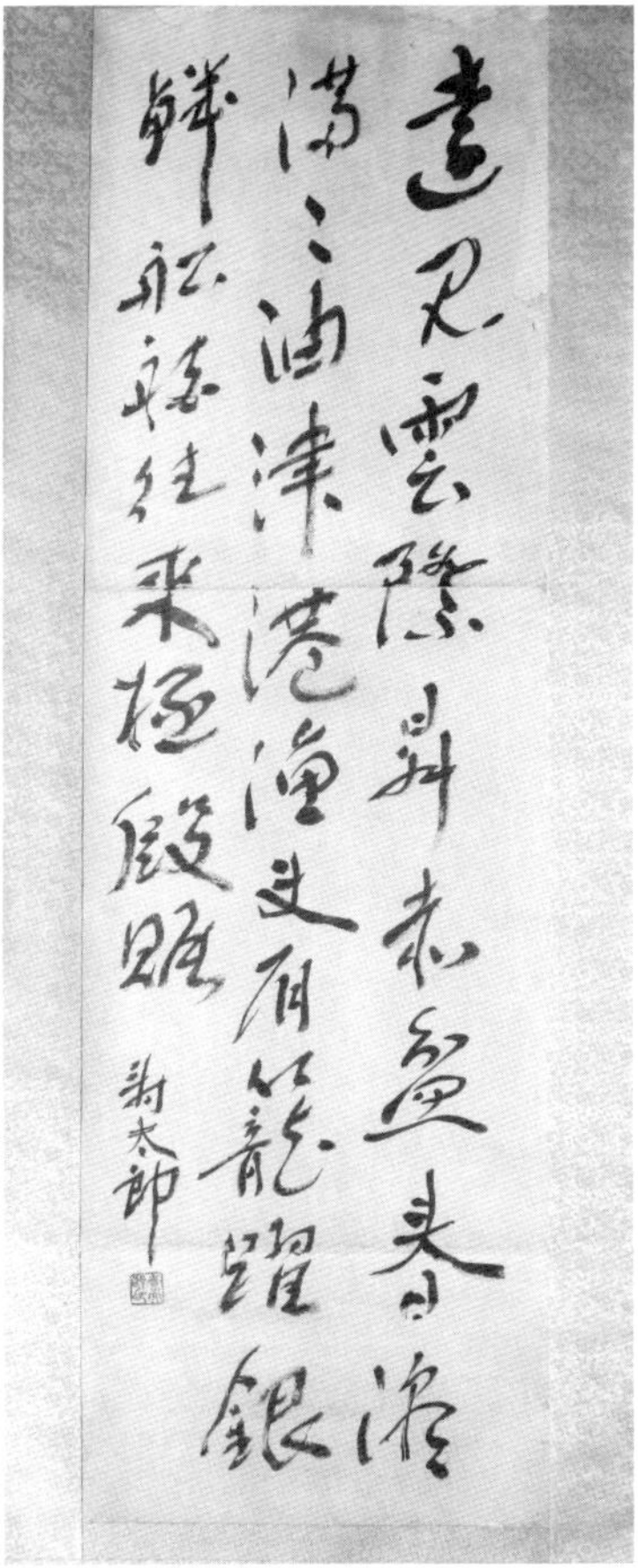

■遠見雲際赤盆春潮　満々油津港有漁夫籠躍銀　鱗船舶往来殷賑極　寿太郎〔意訳〕遠くに見える雲の際に朝日が昇り、ゆったりとした春の潮に満ちている。油津港では、漁師の籠に銀色に光る魚が躍り、船舶が行き来して活気があって賑わいを極めている。

■小村壽太郎は外務相に入省したものの、父の負債を負って、長く閑職あった。現在残る小村の書はこの不遇時代に書かれたものがほとんどで、しかも故郷日南地方の事を思い浮かべた内容が多い。故郷思いだった小村の一面を知ることができる。＊この書には寿太郎の関防印「高山流水」の印は捺されていない。

21

陸奥宗光

■陸奥宗光（むつ・むねみつ）1844年〜1897年／幕末期海援隊に参加。維新後外国事務局御用掛、兵庫・神奈川県等知事、大蔵省租税頭、元老院議官を歴任。欧米を歴訪し、帰国後外務省入省。第1次山県、第1次松方各内閣の農商務相、第2次伊藤内閣の外相を歴任。1894（明治27）年日英通商航海条約に調印し、領事裁判権の回復を実現。対清強硬路線を取り、日清戦争開戦へと導き、講和・三国干渉を処理した。

宗光がこの書簡を奥方の陸奥亮子宛に送るのは１８８３年以降のヨーロッパ留学の頃。治外法権の撤廃を行う活躍を示す10年程前のものです。一人欧州にて日本に残してきた亮子を思いながら、留学中は50通を超える書簡を送っていたようですから、並並ならぬ亮子への「念い」が宗光にあったと思われます。

書風は「雅」。優しい筆致からはとても「カミソリ陸奥」の印象には結びつきませんが、公私において書風も使い分けていたのでしょう、欧州留学の5年前、収監されていた際に揮毫した書は圧倒的な力強さと鋭さが伝わってくる書が残されています。

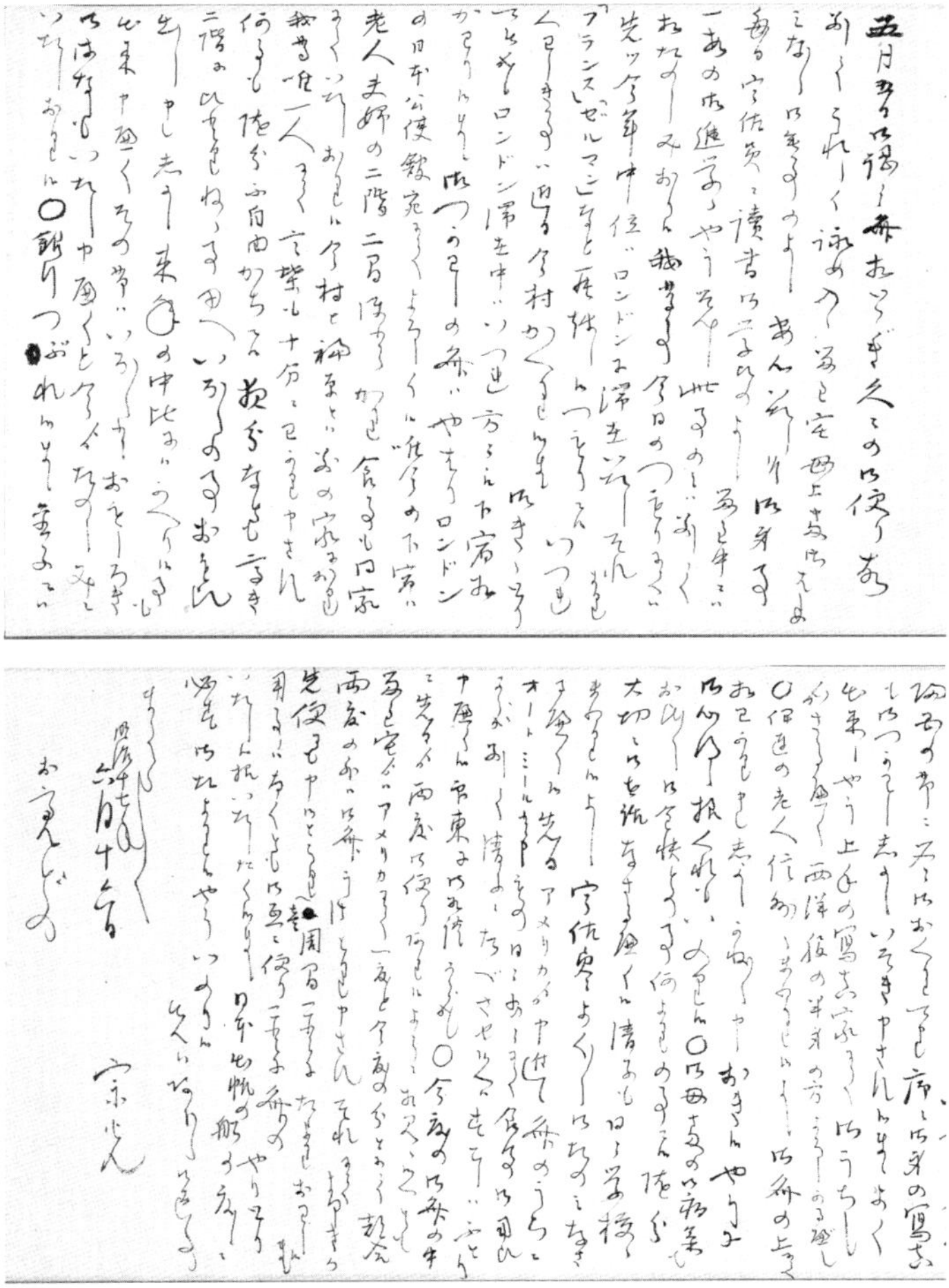

■陸奥宗光書簡　陸奥亮子宛

作成者 : 陸奥宗光　宛先 : 陸奥亮子　年月日 : 明治 17 年 6 月 16 日　数量 : 1 通

内容 : 我等事今日のつもりにてハ先ツ今年中位ハロンドンに滞在　記述法 : 墨書

22 伊藤博文

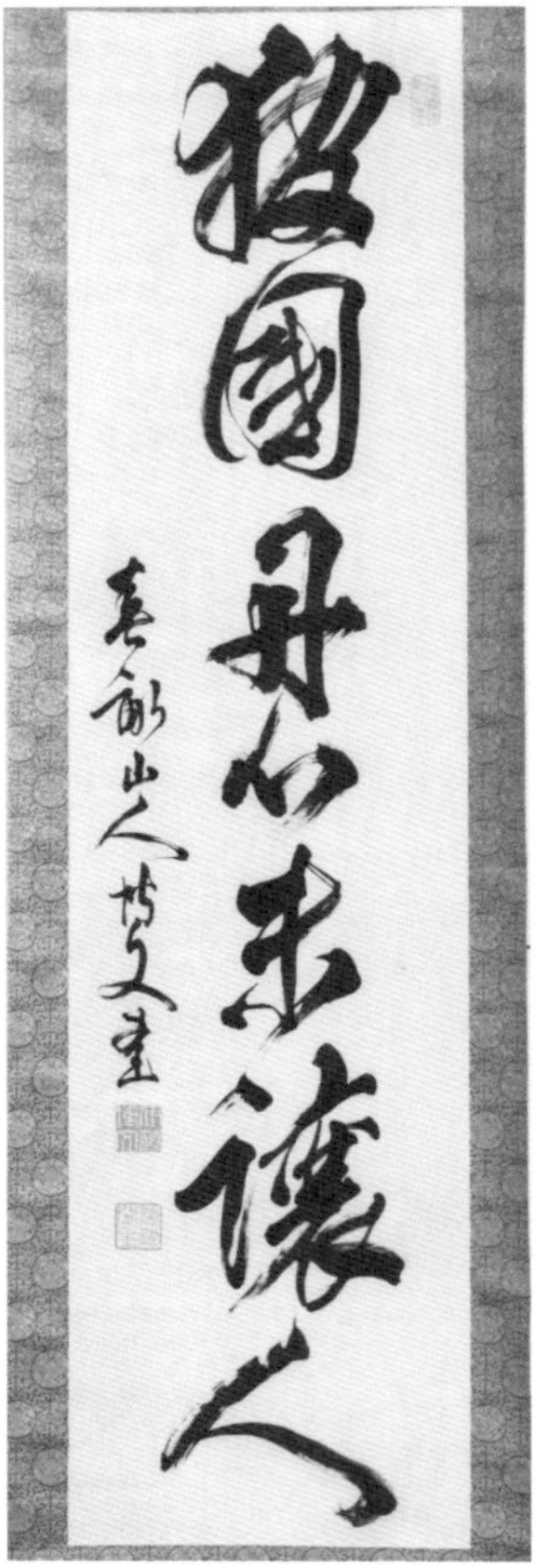

■伊藤博文書（軸）「報国丹心未譲人」
読み：「ほうこくたんしん　いまだひとにゆずらず」
意味：「この国を思う気持ちはだれにも負けない」
揮毫年月日は不明

■伊藤博文（いとう・ひろぶみ）1841年～1909年／長州藩の私塾、松下村塾に学び幕末期の尊王攘夷・倒幕運動に参加。維新後岩倉使節団の副使を務め、大日本帝国憲法起草の中心となる。初代・5代・7代・10代の内閣総理大臣および初代枢密院議長、初代貴族院議長、初代韓国統監、元老を歴任。写真は1900（明治33）年に撮影されたもので、旧千円札の写真にも用いられている。

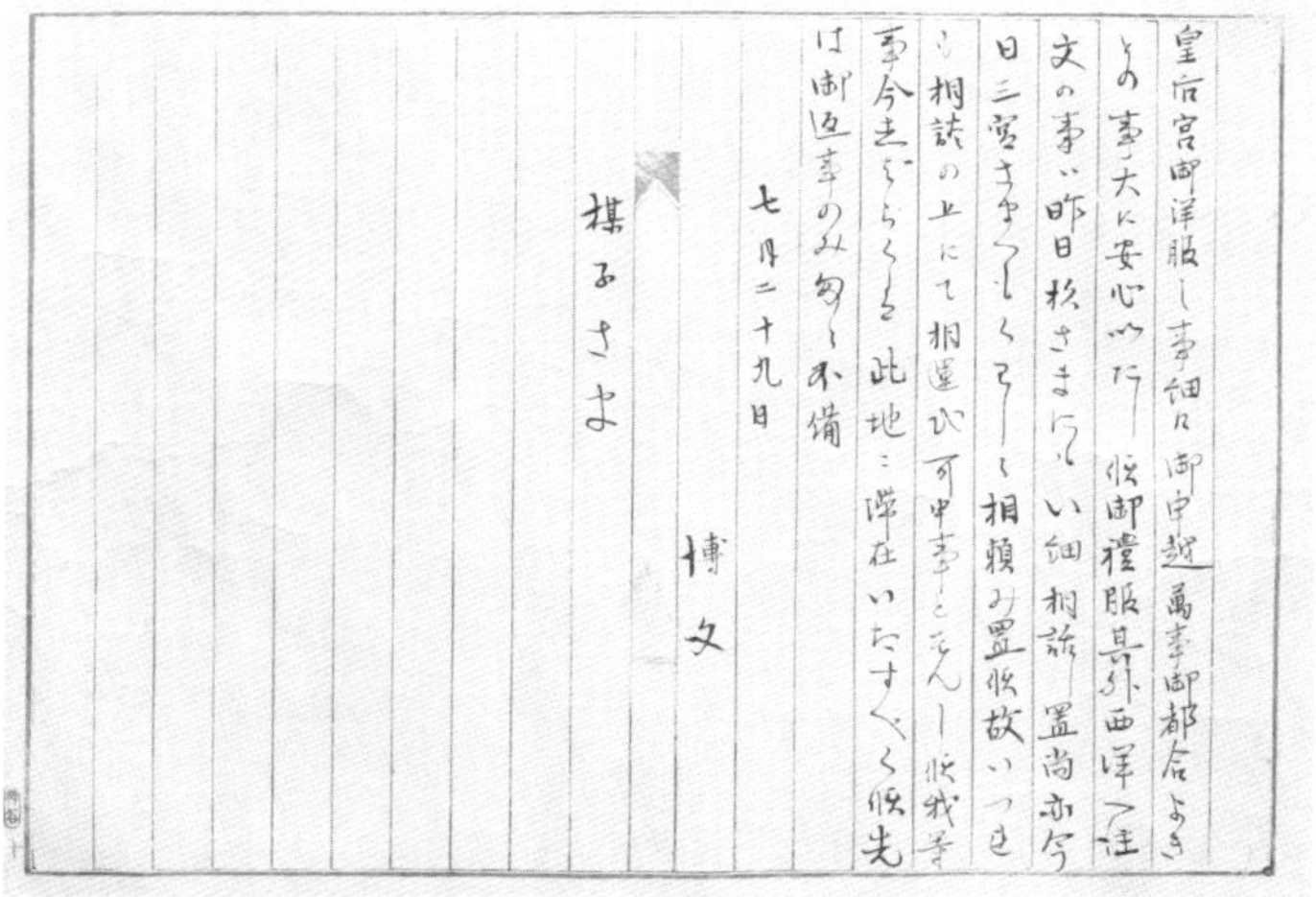
皇后宮御洋服之事細々御申越萬事御都合よき
との事大に安心いたし候御禮服其外西洋ノ仕
立の事ハ昨日杉さまにハい細相談置尚亦今
日三宮さまへもくれぐれ相頼み置候故いつれ
も相談の上にて相運ひ可申事とぞんし候我等
事今十日位も此地ニ滞在いたすべく候先
は御返事のみ匆々不備
七月二十九日
博文
梅子さま

■伊藤博文書簡伊藤梅子宛　明治19年〔1886〕　夏島別荘（神奈川県）に滞在する伊藤博文が、東京高輪邸の梅子夫人に対して、美子皇后（昭憲皇太后）の洋服に関する細々した御用命にすべて不都合なく応えられ、安堵したことを伝えている手紙。

右は初代内閣総理大臣を務め、政府要人として国内外を歩まれてきた気概が運筆の鋭さから伝わってきます。こういった座右の銘として絶えず揮毫するものは普段より錬成しておくに限ります。上は梅子夫人に対しての手紙です。右がハレの書であるとすれば、上はケの書でしょう。家族宛の手紙は緊張は和らぎながらも、身内に対して丁寧に書き上げていて好感が持てます。

書風は右が「麗」で、上は「真」寄りの「雅」です。相手を想定して手書き文字を書き分けることは過去より普段遣いとして行ってきた日本人の営みです。

23 大久保利通

■大久保利通（おおくぼ・としみち）1830年～1878年／島津久光のもとで公武合体運動を推進、討幕へと転じる。参議、大蔵卿を経て1871（明治4）年特命全権副使として岩倉遣外使節団に随行。内政整備を主張し参議兼内務卿となり、政権を掌握。版籍奉還、廃藩置県、地租改正、殖産興業の推進など、重要施策を実行した。1877（明治10）年には、西南戦争で京都にて政府軍を指揮した。

明治維新の立役者である大久保利通の書帖の一部ですが、明治新政府の確立に先鞭をつけ、推し進めるべく、文字にも力がこもっているように見受けられます。

書風は「麗」。実際に鹿児島に行き、利通の座右の銘である「為政晴明（いせいせいめい）」（「政（政治）を行う者は、心も態度も清く明瞭なければならない、政治に尽くすものは私心を捨てなければならない」）の書を見てきましたが、どの書からも並々ならぬ覚悟が伝わってきます。

■甲東大久保公書帖
大久保利通が前島密に宛てた自筆書簡を後日前島自身が巻子にしたもの。題簽にある「甲東」は大久保の号。

■右：表紙
■中段：書き出し部
■下段：終筆部。「利通」の署名が見られる。

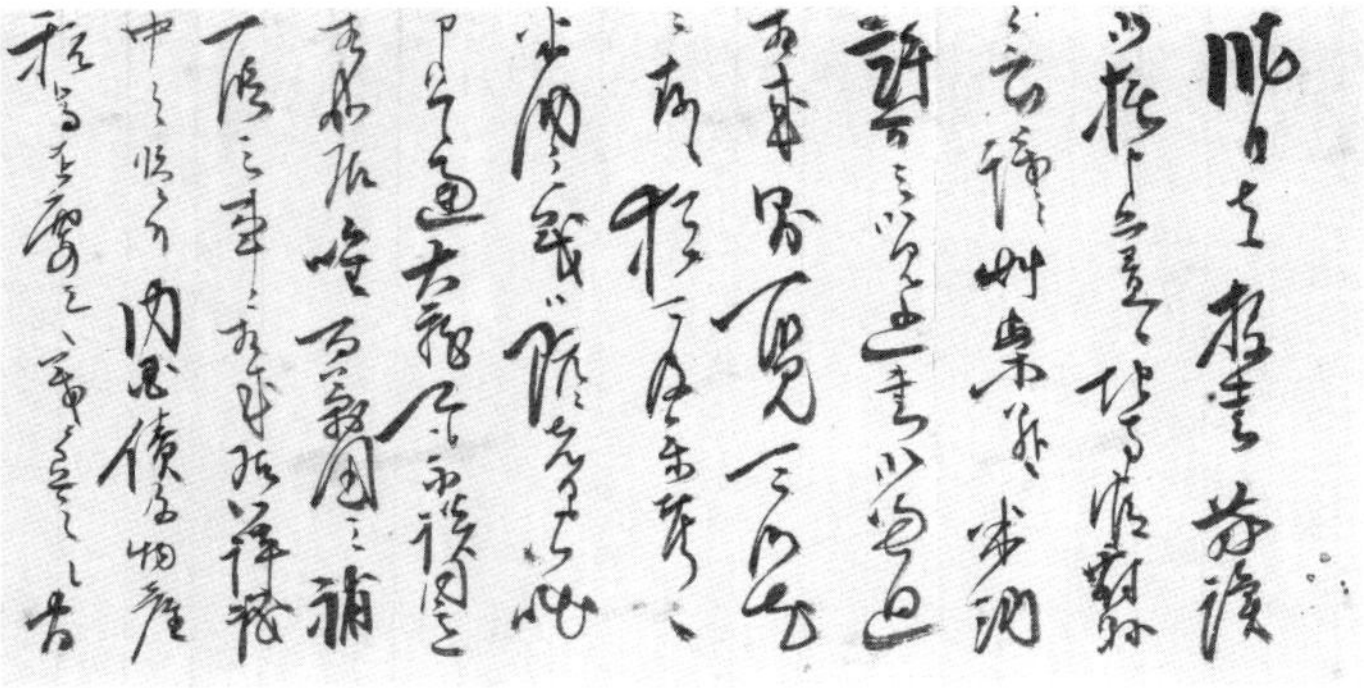

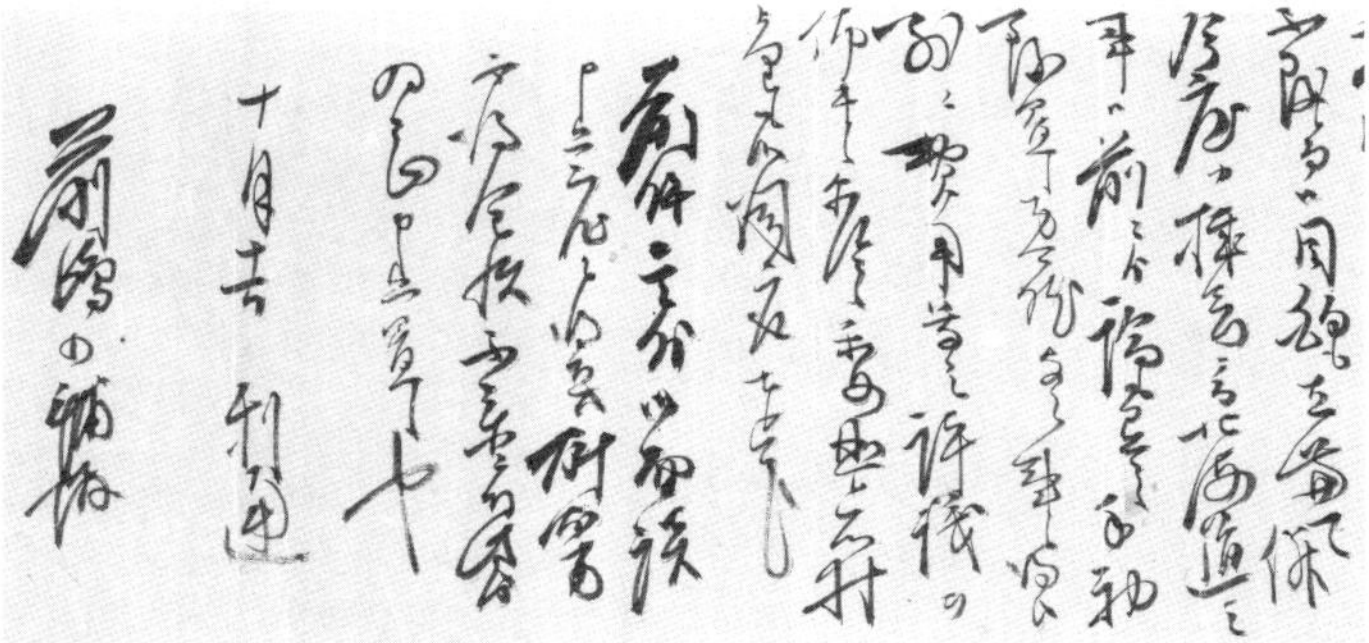

24

西郷隆盛

■西郷隆盛（さいごう・たかもり）1828年～1877年／号・別称等：南洲　明治維新の指導者。鹿児島藩主島津斉彬に取り立てられる。坂本竜馬の仲介で長州の木戸孝允と薩長連合を結ぶ。勝海舟とともに江戸城無血開城を実現し、王政復古を成功させた。新政府内でも参議として維新の改革を断行。1873（明治6）年征韓論に敗れ下野。その後、郷里の私学校生徒に促されて挙兵（西南戦争）するが、政府軍に敗北し、自刃した。

左の書は大久保利通宛の書簡となります。行間が綺麗に均等に開けられ、文字は左に若干よって行く個性的な構成で揮毫されています。神戸事件の早期解決を促すのが目的であり、利通への切なる願いを書簡に込めていたものと思われます。

漢字はすべて凝縮させて平仮名は小さくされています。漢字に力点があるため、墨が乗って力強さと安定した感じが見て取れます。有名な「敬天愛人」の伸びやかな書とは異なり、丁寧に「念い」を綴っている書簡です。書風は「麗」ですが、流暢な感じというよりも木訥とした雰囲気がにじみでています。

■西郷筆「敬天愛人」

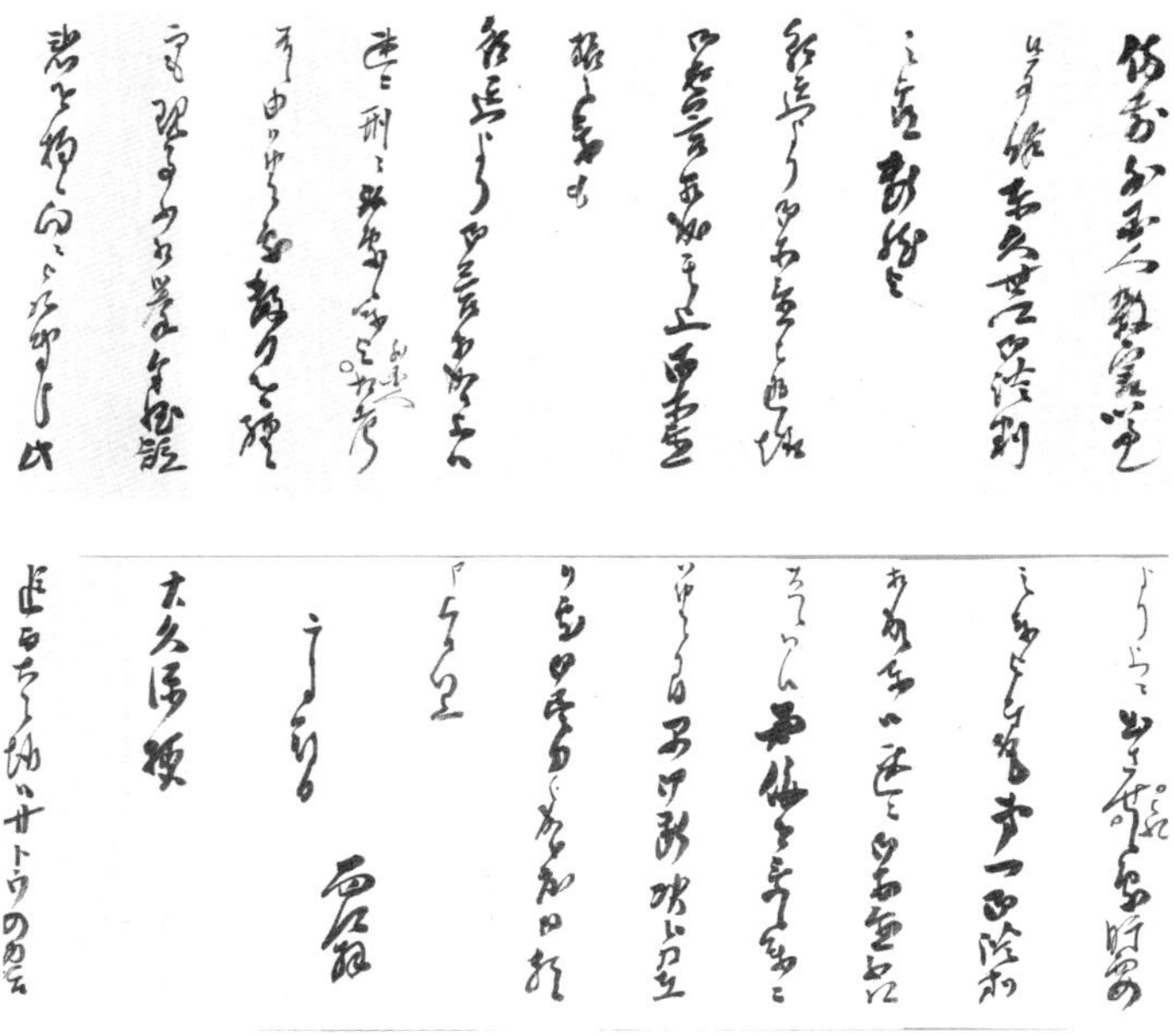

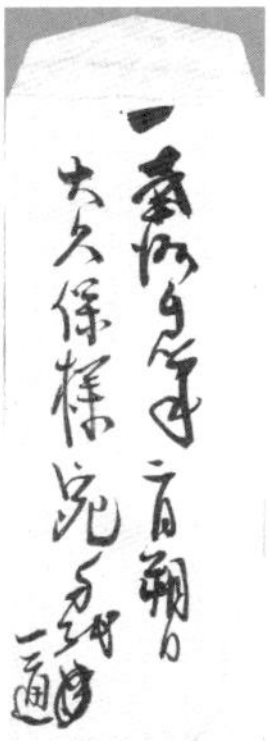

■西郷隆盛書簡　慶応4（1868）年2月1日「西郷隆盛書簡」の封筒　西郷から大久保利通に宛てた書簡。慶応4（1868）年1月11日、鳥羽・伏見の戦いが終局に向かう中で起きた神戸事件（神戸居留地附近での岡山藩兵と外国兵との衝突および外国人殺害事件）の早期解決を促す内容である。解決が遅れることにより新政府が外国から侮られることを危惧する様子が伝わる。追伸では英国公使の通訳をしていたアーネスト・サトウ（のちの英国公使）の名前もみえ、前述の早期解決の重要性はサトウから内々に聞いたことであることがわかる。

作成者：西郷隆盛　宛先：大久保利通　年月日：慶応4年2月1日　数量：1通　内容：備前外国人殺害いたし候事　記述法：墨書

いかがでしたでしょうか？
さまざまな時代や業界の方々の書を見てきて、どの書にも共通していたのは、

・届けたい念いが必ずあること
・届けたい相手が明確であること
・相手によって書きぶりを変えること

上手い下手だけではない「念い」を伝えることが重要であり、最も大切なことは「念い」を持つことです。

そして、「ミニマム・プレゼンテーション」で手書きの要素も取り入れていただき、あなたの「念い」を伝え、「念願」を叶えていってください。
叶えば未来が変わります。

あとがき

面倒な時間を愛する人へ

私たちは、面倒なことは嫌なものです。難しいことよりも簡単なほうが気も楽です。日常のさまざまな面倒なことは、時代とともに面倒ではなくなってきました。歩くことしかなかった移動手段が、自動車や電車、飛行機とあらゆる乗り物が登場し、それらが自動運転になり、さらに便利な日常がこの先の未来に訪れようとしています。

それは不便で複雑な日常を知っていた人からすれば、便利な世の中に変わったことを実感できますが、最初から便利な世の中が日常の人にとっては、その利便性を享受していることが実感できません。

洗濯機がない時代のことを知って、洗濯機のありがたさを知っても、この時代に生まれてきた安堵と、その時代を生きてきた人達への尊敬を感じるくらいでしょう。本当の意味での便利さを享受するには、その面倒なことを体験しない限り、理解はできないのです。

そして、この先の未来において、ますます便利さを追求し、行き着く先には、それほど不便なことがない世の中になっていくのかもしれません。

そうなっていった時に、私たちは何に価値を見出すでしょうか？

私は、これから先の便利な未来は

「面倒なこと」


に価値が見出されると考えています。

思考はＡＩによって導き出され、より精度が向上していく分野が出てきます。

それまで人が行なっていたことから人類は解放され、余剰な時間ができた時に私たちはどこへ向かうのでしょうか。

私は「リアルへの回帰」だと考えています。

私がソフトバンクに所属していた時に、テクノロジーの進化や情報革命で、多くの人が幸せになっていくのを目の当たりにしてきました。ただ、その喜びを実感するのは数字上のデータであって、自分自身がそれをリアルに実感できるものは非常に限定的であり、かつ間接的でした。

リアルの中にこそ自分が実感できる喜びがある。

そう考えて、書家として歩む道を選びました。書道塾 継未－TUGUMI－（つぐみ）を２０１４年10月1日に一般社団法人として立ち上げ、現在では７００名を超える生徒様の成長と共に日々精進しています。

●https://www.tugumi.or.jp

そして「念い」を伝えるもう一つのツールであるプレゼンテーションは、書籍を通じて累計25万部＝のべ25万人の方々と出会わせていただきました。年間２００社の企業様に伺い、講演や研修などを通じて約2万人の方々と出会いました。

その場で成果を目の当たりにしたり、所属している団体のプレゼン大会で優勝したりと、皆さんの「念い」の強さに日々感動しています。

●https://www.katamari.co.jp

スキルそのものに留まらず、多くのビジネスに関わる方々、学生の方々からも多数のご理解とご支持をいただき、２０１９年9月9日には一般社団法人プレゼンテーション協会の設立会見を行いました。多くの企業にも賛同いただき、一緒に日本のプレゼンスキルの底上げを行っております。

●https://www.presen.or.jp

こうして、今までには出会えなかった多くの方々に、書とプレゼンの二つのツールを通じてリアルに出会ってきました。これからも、まだお会いできていない方々との出会いを楽しみにしております。

そして、この二つのツールに共通して言えることが「面倒である」ということです。

書はその準備と片付けという所作にかなりの時間を要します。墨をすり、墨を貯め、書を揮毫し、作品を乾かし、筆を洗い、硯を洗い、筆を乾かし…。この作品を揮毫する一瞬のために多くの時間を要する面倒なものです。

プレゼンテーションも同様に、課題を発見し、データを集め、データを分析し、改善策を考え、プレゼンを作成し、提案し、承認を得て実行し、結果を出し、さらなる改善を検討する…。プレゼンテーションの一瞬のためにさまざまな準備をする面倒なものです。

しかし、この面倒な時間をかけるほど、「念い」が「伝える」から「伝わる」へと変わります。

それは、
相手の立場に立って
あなた自身の表現方法で
時間をかけて
届けること

時間をかけるとは、考える時間を持つことです。
考える時間とは、墨をすったり、プレゼンの課題・原因・解決策・効果を考える一連の
所作を行う時間です。そして所作そのものが「面倒なこと」なのです。

面倒な時間を愛する人でありますように

前田 鎌利

【13 西　周】
肖像写真：国立国会図書館「近代日本人の肖像」（キャプション含む）
資料写真：国立国会図書館「デジタルコレクション」（キャプション含む）
【14 岡倉天心】
肖像写真：茨城県天心記念五浦美術館（キャプション含む）
資料写真：茨城県天心記念五浦美術館（キャプション含む）
【15 内村鑑三】
肖像写真：国立国会図書館「近代日本人の肖像」（キャプション含む）
資料写真：国立国会図書館「デジタルコレクション」（キャプション含む）
【16 新渡戸稲造】
肖像写真：新渡戸記念館（キャプション含む）
資料写真：新渡戸記念館（キャプション含む）
【17 富岡鉄斎】
肖像写真：国立国会図書館「近代日本人の肖像」（キャプション含む）
資料写真：国立国会図書館「デジタルコレクション」（キャプション含む）
【18 石井亮一　石井筆子】
肖像写真：社会福祉法人・滝乃川学園石井亮一・筆子記念館（キャプション含む）
資料写真：社会福祉法人・滝乃川学園石井亮一・筆子記念館（キャプション含む）
【19 吉田　茂】
肖像写真：大磯町郷土資料館（キャプション含む）
資料写真：大磯町郷土資料館（キャプション含む）
【20 小村寿太郎】
肖像写真：宮崎県日南市役所 総務・危機管理課（キャプション含む）
資料写真：宮崎県日南市役所 総務・危機管理課（キャプション含む）
【21 陸奥宗光】
肖像写真：国立国会図書館「近代日本人の肖像」（キャプション含む）
資料写真：国立国会図書館「デジタルコレクション」（キャプション含む）
【22 伊藤博文】
肖像写真：山口県光市伊藤公資料館所蔵（キャプション含む）
資料写真：山口県光市伊藤公資料館所蔵（キャプション含む）
【23 大久保利通】
肖像写真：郵政博物館
資料写真：郵政博物館（キャプション含む）
【24 西郷隆盛】
肖像写真：国立国会図書館「近代日本人の肖像」（キャプション含む）
資料写真：国立国会図書館「デジタルコレクション」（キャプション含む）
敬天愛人：public domain in Japan

【01 岩崎彌太郎】
肖像写真：国立国会図書館「近代日本人の肖像」（キャプション含む）
資料写真：国立国会図書館「デジタルコレクション」（キャプション含む）
【02 渋沢栄一】
肖像写真：国立国会図書館「近代日本人の肖像」（キャプション含む）
資料写真：国立国会図書館「デジタルコレクション」（キャプション含む）
【03 立石一真】
肖像写真：オムロン株式会社
資料写真：オムロン株式会社
【04 中村不折】
肖像写真:台東区立書道博物館／公益財団法人台東区芸術文化財団（キャプション含む）
資料写真:台東区立書道博物館／公益財団法人台東区芸術文化財団（キャプション含む）
【05 夏目漱石】
肖像写真：新宿区文化観光産業部文化観光課
資料写真：新宿区文化観光産業部文化観光課
【06 森　鷗外】
肖像写真：国立国会図書館「近代日本人の肖像」（キャプション含む）
資料写真：国立国会図書館「デジタルコレクション」（キャプション含む）
【07 芥川龍之介】
肖像写真：国立国会図書館「近代日本人の肖像」（キャプション含む）
資料写真：国立国会図書館「デジタルコレクション」（キャプション含む）
【08 中川一政】　中川陽介・中川モモコ・原夏郎
肖像写真：真鶴町立中川一政美術館／真鶴町教育委員会（キャプション含む）
資料写真：真鶴町立中川一政美術館／真鶴町教育委員会（キャプション含む）
【09 須田剋太】　須田正子
肖像写真：金田明治
資料写真：秀山堂画廊（キャプション含む）
【10 北大路魯山人】
肖像写真：public domain in Japan
資料写真：株式会社 宗家 源 吉兆庵・吉兆庵美術館（キャプション含む）
【11 高村光太郎】
肖像写真：public domain in Japan
資料写真：国立国会図書館「デジタルコレクション」（キャプション含む）
【12 津田梅子】
肖像写真：津田塾大学津田梅子資料室（キャプション含む）
資料写真：津田塾大学津田梅子資料室（キャプション含む）

【著者紹介】
前田 鎌利（まえだ・かまり）

書家・プレゼンテーションクリエイター

1973 年福井県出身。東京学芸大学教育学部書道科卒業。5 歳より書を始め、独立書家として活動しながら光通信、J-Phone、Vodafone、ソフトバンクに従事。2010 年、孫正義氏の後継者育成機関「ソフトバンクアカデミア」の第 1 期生として選考され、初年度 1 位の成績を修める。孫正義氏の資料作成にも携わり、プレゼンテーションスキルはソフトバンク社内のプレゼンテーション研修プログラムとして採用され後に書籍化。累計 25 万部を超えるプレゼンテーションの定番書となる。2013 年にソフトバンクを退社し、未来へ書をはじめとした日本の文化を継承していく「継未 -TUGUMI-」を設立。全国 700 名を超える生徒が通う教室を経営している。また、書家として J リーグ「絶対突破」、ソフトバンク「志高く」、JAXA「こうのとり」、羽田空港「翼」をはじめとして多くの書を揮毫。個展・ライブパフォーマンスは国内のみならず、NY、フランス、イタリア、イギリス、スイス、中国、韓国、台湾、シンガポール、タイなど海外でも精力的に活動する。また 17 年に及ぶビジネス経験を元にしたビジネススキルの企業研修・講演等は年間 200 を超える。
著書『社内プレゼンの資料作成術』『社外プレゼンの資料作成術』『プレゼン資料のデザイン図鑑』『最高品質の会議術』（ダイヤモンド社）『最高のリーダーは 2 分で決める』（ソフトバンククリエイティブ）

BookDesign：山田知子（チコルズ）

ミニマム・プレゼンテーション

2019 年 10 月 25 日　第 1 刷発行

著　者——前田 鎌利
発行者——徳留慶太郎
発行所——株式会社すばる舎
〒 170-0013 東京都豊島区東池袋 3-9-7 東池袋織本ビル
TEL　03-3981-8651（代表）03-3981-0767（営業部直通）
FAX　03-3981-8638
URL　http://www.subarusya.jp/
振替　00140-7-116563
印　刷——株式会社シナノ

落丁・乱丁本はお取り替えいたします

ISBN978-4-7991-0841-3